Annegret Schüle, Stefan Weise,
Thomas Schäfer

PAUL SCHÄFER

Erfurter Kommunist, ermordet im Stalinismus

Titelbild: Grafik für die Ausstellung „Die zwei Tode des Paul Schäfer“, gestaltet vom Büro Funkelbach. Architektur + Grafikdesign unter Verwendung einer Illustration von Marieke Kühner

PD Dr. Annegret Schüle (Jg. 1959), Stefan Weise (Jg. 1989) und Thomas Schäfer (Jg. 1992) erforschten gemeinsam die Geschichte von Paul Schäfer für die Ausstellung „Die zwei Tode des Paul Schäfer. Legende und Lebensgeschichte eines Erfurter Kommunisten“ und erweiterten ihre Forschungen für dieses Buch. **PD Dr. Annegret Schüle** ist Oberkuratorin für neuere und neueste Geschichte der Geschichtsmuseen der Landeshauptstadt Erfurt und leitet den Erinnerungsort Topf & Söhne. **Stefan Weise** promoviert an der Friedrich-Schiller-Universität Jena zur Biografie von Karl Korsch und **Thomas Schäfer** ist nach seinem Geschichtsstudium Referendar an einer Arnstädter Regelschule.

Landeszentrale für politische Bildung Thüringen
Regierungsstraße 73, 99084 Erfurt
www.lzt-thueringen.de
2019
ISBN: 978-3-946939-80-1

Inhaltsverzeichnis

Einleitung	5
Schuhindustrie und organisierte Arbeiterschaft	13
Schuharbeiter in Erfurt	25
Revolution in Erfurt	35
Kommunist und Betriebsrat	45
Stadtverordneter	63
Arbeiterdelegierter in der Sowjetunion	73
Sekretär der Internationalen Arbeiterhilfe	85
Auf der Flucht vor der Gestapo	93
Emigrant in der Sowjetunion	103
Der stalinistische Terror und die Verfolgung deutscher Kommunisten in der Sowjetunion	107
Tod in Moskau	115
Die Legende vom Spanientod und die Führung der DDR	123
Lebensgefährtin Anna Löchner und das Ehepaar Weinert	143
Wann kam die Wahrheit ans Licht?	153
Wie in Zukunft an Paul Schäfer erinnern?	157
Abkürzungsverzeichnis	161
Literaturverzeichnis	163

Einleitung

Mit der Ausstellung „Die zwei Tode des Paul Schäfer. Legende und Lebensgeschichte eines Erfurter Kommunisten“[1] und dieser darauf aufbauenden wissenschaftlichen Publikation der Landeszentrale für politische Bildung Thüringen werfen wir einen neuen Blick auf eine Persönlichkeit der Erfurter und Thüringer Arbeiterbewegung in der ersten Hälfte des 20. Jahrhunderts. Wir zeigen, dass sich hinter alltäglichen Erinnerungsspuren wie dem Namen einer Straße oder eines Betriebes die großen Fragen der Diktatur- und Verbrechensgeschichte des 20. Jahrhunderts verbergen.

Foto: Dirk Urban

Die Ausstellung beginnt mit einer Tafel über Paul Schäfer als „Erfurter Legende“ und die Erinnerungsspuren in der Stadt. Im Original waren eine Fahne des Fanfarenzugs des Schuhkombinates Paul Schäfer, die Gedenktafel an seinem Wohnhaus (Mitte) und ein Straßenschild zu sehen.

1 Präsentiert im Erfurter Erinnerungsort Topf & Söhne – Die Ofenbauer von Auschwitz vom 26. August 2018 bis 28. April 2019.

In Erfurt ist bis heute der Name Paul Schäfer im Gedächtnis, weil eine große Schuhfabrik ab 1953 zum VEB Paul Schäfer wurde. Für diesen „Ehrennamen“ bot er die passende Erzählung: Bei Lingel, dem Vorgängerunternehmen, war er Anfang der 1920er Jahre Schuharbeiter und Betriebsrat gewesen. Auf lokaler Ebene war er in der Weimarer Republik ein führender Kommunist und darüber hinaus linientreu, jede der vielen Taktikänderungen der Parteileitung ohne Widerspruch mittragend. Als Verfolgter des Nationalsozialismus stand er mit seinem Schicksal für den antifaschistischen Gründungsmythos der DDR und schien zudem die enge Beziehung zum „großen Bruder“ Sowjetunion zu verkörpern. Schließlich hatte er zu Lebzeiten aus freien Stücken nachweisbar für die Sowjetunion als Vorbild geworben.

Die Geschichte von Paul Schäfer hat viele Dimensionen. Sie handelt von den schwierigen Lebensumständen eines jungen Erfurter Arbeiters zu Beginn des 20. Jahrhunderts, von Krieg, Kampfbereitschaft, Solidarität und Selbstorganisation, aber auch von politischem Dogmatismus und Kritiklosigkeit gegenüber der Sowjetunion. Lebensweltlich greifbar werden die großen historischen Entwicklungen des 20. Jahrhunderts in dieser politischen Biographie. Immer spielen die Fragen der historischen Verhältnisse, die Paul Schäfer aktiv mitgestalten wollte und deren Opfer er wurde, entscheidend in sein Leben hinein. Für ihn schafften die kommunistische Partei und die ihr nahestehenden Organisationen Aufstiegschancen, die Menschen seiner sozialen Herkunft sonst verschlossen blieben. Als Gewerkschafter und KPD-Mitglied wurde er Stadtverordneter in Erfurt und Sekretär der Internationalen Arbeiterhilfe und machte so eine Karriere als kommunistischer Funktionär.

Seine Biographie gewährt so einen Einblick in die Geschichte Erfurts und die deutsche Arbeiterbewegung. Sie spannt den zeitlichen Bogen vom Kaiserreich über den Ersten Weltkrieg und die Novemberrevolution hin zur ersten deutschen Demokratie und mündet in den extremen Polen des 20. Jahrhunderts: Der nationalsozialistischen Diktatur und dem stalinistischen

Terror in der Sowjetunion. Sie macht die Gefahren einer rechtsextremen, nationalsozialistischen Verfolgungsmaschinerie sichtbar und sie konfrontiert mit der absurden und schon wenig später, nämlich 1940, vom sowjetischen Geheimdienst selbst widerlegten stalinistischen Konstruktion, Paul Schäfer sei ein faschistischer Spion. Das letzte Foto von Paul Schäfer stammt aus der Moskauer Haft. Ein lapidarer Protokollauszug, in dem auf einem Standard-Formular handschriftlich der Vollzug der Hinrichtung für die Geheimdienstakten vermerkt ist, zeugt von seinem brutalen Lebensende. Seine Hinrichtung in der Sowjetunion markiert die Tragik seines Lebens: Er wurde Opfer in dem Land, das er als seine politische Heimat empfand und in das er vor den Nationalsozialisten geflohen war.

Die Lüge, die ihn 1945 zu einem Kämpfer und Märtyrer der Internationalen Brigaden in Spanien machte, war ein Versuch eines alten Freundes, der in Erfurt zurückgebliebenen Witwe Hulda Schäfer zu helfen. Und auch hier verbirgt sich eine besondere Tragik: Paul Schäfer und seine Lebensgefährtin Anna Löchner wollten die Sowjetunion verlassen und sich dem Kampf gegen den Faschismus im Spanischen Bürgerkrieg anschließen. Nur: Man ließ sie nicht. Stattdessen wurde Paul Schäfer als angeblicher faschistischer Spion durch die Erschießungskommandos des NKWD hingerichtet.

Die Entscheidung, Paul Schäfer zum Namenspatron der volkseigenen Schuhfabrik zu machen, erhöhte den Druck zur Geheimhaltung seines tatsächlichen Lebensendes. Selbst die Flucht vor den Nazis in die Sowjetunion wurde aus dem öffentlichen Gedächtnis getilgt, um nicht unwillentlich Spuren zur historischen Wahrheit zu legen. Erst mit Öffnung der sowjetischen Archive 1989 wurde sein tragischer Tod 20 Kilometer südlich von Moskau, erschossen und namenlos in einem Massengrab verscharrt, bekannt und brachte die nach dem Krieg errichtete, DDR-passförmige Heldenkonstruktion zum Einsturz.

Brisante und zum Weiterdenken anregende Fragen richten sich an die Geschichte nach seinem Tod in Moskau 1938:

Foto: Dirk Urban

Die Ausstellung wurde vom Büro Funkelbach aus Leipzig gestaltet.

Wer kannte die Wahrheit über den Tod Paul Schäfers in der DDR? Wer verbreitete die Legende über seinen Tod in Spanien? Wann kam die Wahrheit ans Licht? Für die, die in der DDR vom Tod Paul Schäfers in Moskau wussten, war es eine Lüge mehr im Stalinismus, eine Lüge, der zu widersprechen sie nicht wagten, die sie selbst mittrugen oder aktiv am Leben hielten. Die Antworten konnten erst nach dem Ende der DDR öffentlich gegeben werden.

Die Ausstellung war eine partizipative Ausstellung und davon zeugt auch dieses Buch. Sie war es, weil sie gemeinsam mit Paul Schäfers Urenkel Thomas Schäfer und seiner Familie entstand. Es ist sehr erfreulich, dass die Forschung und die Veröffentlichung der Ergebnisse von der Familie dankbar und als Bereicherung aufgenommen wurden. Diese Ausstellung war aber auch deshalb partizipativ, weil die weitere Geschichte der Erinnerung an Paul Schäfer von den Ausstellungsbesucherinnen und -besuchern mitgestaltet werden konnte.

Foto: Dirk Urban

Am Ende des Ausstellungsrundgangs konnten sich die Besucher zur erzählten Geschichte, zur Ausstellung und zum zukünftigen Gedenken an Paul Schäfer äußern.

Über die Erinnerung an seinen Urgroßvater und die Auseinandersetzung mit seiner Geschichte sagte Thomas Schäfer bei der Ausstellungseröffnung am 25. August 2018:

„Paul Schäfer – für viele Erfurter ein Name, mit dem sie im Laufe ihres Lebens in Berührung gekommen sind. Nach ihm waren das Schuhwerk, ein Kindergarten und eine Straße benannt. Für mich hat dieser Name eine andere Bedeutung: Paul Schäfer war mein Uropa. Daher ist es für mich auch etwas Besonderes, dieses Buch mitzugestalten. Als ich klein war, hat die Geschichte um meinen Uropa für mich keine große Rolle gespielt. Als ich größer wurde, bin ich mit den zwei Versionen seines Todes in Berührung gekommen: Einerseits die Legende seines Todes in Spanien, andererseits sein Tod in Moskau. Da ich Geschichte studiert habe, ergaben sich für mich zwei Motive, mich mit der Thematik zu beschäftigen. Einerseits hatte ich eine wissenschaftliche Perspektive als Historiker, anderseits war die Forschung auch für meine Familie wichtig.

Schließlich war uns allen bis vor wenigen Monaten noch nicht in Gänze klar, wie sich das Leben von Paul Schäfer wirklich abgespielt hat. Sein Leben erforschte ich in den vergangenen Jahren zusammen mit dem Erinnerungsort Topf & Söhne. Dabei reiste ich auch mit meiner Mutter nach Russland, genauer gesagt nach Moskau. Dort hatten wir erstmals die Möglichkeit, Strafakten des ehemaligen sowjetischen Geheimdienstes über Paul Schäfer im Staatsarchiv der russischen Föderation einzusehen und die Akten mit nach Deutschland zu bringen.

Außerdem suchten wir in Moskau den Ort auf, an dem er einige Zeit gelebt hatte und später festgenommen wurde, ein ehemaliges Politemigrantenheim. Besonders bewegte mich unser Besuch in Butowo, die ehemalige Hinrichtungsstätte südlich von Moskau. Das war der Ort, an dem mein Uropa tatsächlich starb, an dem er erschossen und in einem Massengrab verscharrt wurde. Damals war die Gedenkanlage erst im Bau, heute wird dort sein Name als einer von Tausenden erinnert.

Die ersten Hinweise, in welchen Archiven wir nach dem Leben von Paul Schäfer forschen könnten, fand ich zu Hause in unserem Keller. Dort lag ein dokumentarischer Bericht über Paul Schäfer als Opfer des stalinistischen Terrors, der auf 1995 datiert ist und irgendwann meiner Familie übergeben wurde. Leider wussten wir bis vor wenigen Tagen nicht, wer der Autor dieses Textes ist. Dieses Geheimnis lüftete kurz vor der Eröffnung der Ausstellung ein anderer Urenkel von Paul Schäfer, der sich im Erinnerungsort Topf & Söhne meldete. Autor des Textes ist Lothar Wenige, dem ich für seine Arbeit danken möchte.

Als angehender Lehrer stelle ich mir besonders die Frage, was man aus dieser Geschichte mitnehmen kann. Paul Schäfer lebte in einer Zeit, in der Andersdenkende verfolgt wurden. Er selbst war während der Nazizeit im deutschen Fahndungsbuch zur Festnahme ausgeschrieben und musste vor der Gestapo flüchten. Nach den Stationen im Saarland und Paris emigrierte er in die Sowjetunion und wurde im Zuge des „Großen Terrors“ in der Sowjetunion ermordet.

Gerade in den heutigen Zeiten verstehe ich diese Geschichte als Mahnung gegen Diktatur und für eine Demokratie, in der Meinungsvielfalt und die Freiheit des Menschen ein hohes Gut sind."

Die Ausstellung und darauf aufbauend dieses Buch entstanden in einem Team, das gemeinsam die Quellen suchte und erforschte, die Exponate zusammentrug, Stunden über Stunden am Konzept und an den Texten feilte. Autorin und Autoren wurden unterstützt von Juliane Podlaha, Verena Bunkus, Annekathrin Patrizia Kottlick, Lisa Caspari, Leon Oerder, Rebekka Schubert, Bruno Brauer und Julia Koch. Mit fachwissenschaftlicher Expertise half Dr. Wladislaw Hedeler, der selbst als Sohn eines deutschen Kommunisten in der Verbannung in Tomsk geboren wurde und uns wertvolle Hinweise zu den Akten in den Moskauer Archiven gab. Zum Themenfeld Internationale Brigaden im spanischen Bürgerkrieg unterstützte uns Dr. Werner Abel, zur Internationalen Arbeiterhilfe Dr. Kasper Braskén. An dieser Stelle gilt unser herzlicher Dank auch dem Stadtmuseum und dem Stadtarchiv für die gute Kooperation. Dessen Direktorin Dr. Antje Bauer machte in dem gemeinsam mit Christoph Wirth veröffentlichen Bericht in „Stadt und Geschichte" 2011 zum ersten Mal die Erfurter Öffentlichkeit auf die Legende um den angeblichen Tod Paul Schäfers im spanischen Bürgerkrieg und seine Hinrichtung in Moskau aufmerksam.[2] Die Familien Schäfer und Bekos, Verwandte von Anna Löchner, unterstützten mit Fotos und Dokumenten. Auch ihnen sei herzlich gedankt.

Die Forschungen zur Ausstellung und zu diesem Buch wurden gefördert durch die Stadt Erfurt, die Bundesstiftung zur Aufarbeitung der SED-Diktatur, die Thüringer Staatskanzlei und die Rosa-Luxemburg-Stiftung. Auch dafür herzlichen Dank.

2 Antje Bauer/Christoph Wirth: Der Erfurter Kommunist Paul Schäfer und die stalinistische Geschichtsbewältigung, in: Stadt und Geschichte 2/2011, S. 36f.

Schuhindustrie und organisierte Arbeiterschaft

In Folge der Reichsgründung 1871 wuchs das preußische Erfurt rasant. Mit der Entfestigung der Stadt ab 1873 wurden entscheidende Voraussetzungen für ihre Entwicklung geschaffen. Ohne die Festungsmauern konnte sich die Stadt räumlich ausdehnen und die Verkehrs- und Versorgungsinfrastruktur modernisiert werden. 1875/76 wurde eine Zentralwasserleitung gebaut, ab 1876 eine Kanalisation und ab 1887 folgte die Elektrifizierung der Stadt. Schließlich wurde 1894 auch die seit elf Jahren bestehende Straßenbahn elektrisch betrieben.[3]

Auch für die industrielle Entwicklung der Stadt war mit der Entfestigung eine wichtige Barriere gefallen. Nun konnten sich Firmen auch außerhalb der ehemaligen Stadtmauern ansiedeln. Die Industrialisierung verdrängte das Handwerk, das Aufkommen großer Fabriken war Ausdruck des Übergangs der Hand- zur Maschinenarbeit. Die neue gesellschaftliche Schicht der Arbeiterinnen und Arbeiter prägte diesen Prozess und die damit verbundene Urbanisierung. Innerhalb einer Generation verdoppelte sich die Bevölkerung der Stadt und durchbrach 1906 erstmals die Marke von 100.000 Einwohnern: Erfurt war nun Großstadt.

Der Anteil der städtischen Arbeiterschaft, verstanden als Lohnabhängige, die körperlich arbeiteten, nahm in dieser Zeit stetig zu. Zählten 1871 nur 31,4 Prozent der Beschäftigten zur Arbeiterschaft, so waren dies 1907 bereits 42,9 Prozent, was 15.670 Männern und 4.111 Frauen entsprach. Das Handwerk dagegen schrumpfte kontinuierlich und halbierte sich zwischen 1876 und 1906.[4]

---

3 Steffen Raßloff: Flucht in die nationale Volksgemeinschaft – Das Erfurter Bürgertum zwischen Kaiserreich und NS-Diktatur, Köln 2003, S. 40f.

4 Jürgen Schmidt: Begrenzte Spielräume – Eine Beziehungsgeschichte von Arbeiterschaft und Bürgertum am Beispiel Erfurts 1870 bis 1940, Göttingen 2005, S. 41 und 56ff.

Stadtmuseum Erfurt

Zwickerei, undatiert

Die Geschichte der am 4. Oktober 1872 im Erfurter Handelsregister eingetragenen Schuhfabrik von Eduard Lingel steht beispielhaft für die Entwicklung vom Handwerk über die mit dem Betrieb verbundene Heimarbeit hin zur zentralisierten Fabrikarbeit. Zu Beginn, im Herbst 1872, beschäftigte Lingel fünf bis sechs Menschen, die rund 50 ortsansässige Schuhmacher mit selbst hergestellten und eingekauften Materialien versorgten, damit sie in Heimarbeit Zeugstiefel herstellen konnten. Bereits 1874 wurden die Produktion erweitert und die Arbeitsabläufe rationalisiert. 1875 beschäftigte das Unternehmen einschließlich Heimarbeitern dauerhaft 300 Menschen, nur ein Jahr später konnten durch die Einstellung von Fachkräften aus Wien auch die Schäfte, die bisher vorgefertigt eingekauft worden waren, selbst produziert werden: Lingel wurde zum Vollbetrieb. Dem schloss sich eine gezielte Technisierung der Produktion an: Ab 1877/78 reisten Fabrikvertreter in die USA, um die mechanisierte Schuhproduktion zu studieren. Von dort importierte, durch einen Gasmotor

Stadtmuseum Erfurt

Die Belegschaft auf einem Foto aus der Jubiläumsschrift zum 50-jährigen Bestehen der Eduard Lingel Schuhfabrik AG, 1922

angetriebene Maschinen ersetzten die bisher fußbetriebenen Maschinen. Bis 1886 wuchs die Belegschaft auf 600 Personen, die tägliche Arbeitszeit betrug 10 bis 12 Stunden. Gleichzeitig hatte sich die Produktivität enorm gesteigert: 1872 waren 50 Heimarbeiter einen Tag damit beschäftigt, 36 Paar Stiefel herzustellen. 14 Jahre später hatten Technisierung und damit einhergehende Arbeitsteilung die Produktion vervielfacht. Stolz veröffentlichte die Eduard Lingel Schuhfabrik, dass eine Arbeitskraft, der Zwicker, pro Tag nun 36 Paar Kinderschuhe bzw. 12 Paar Damenstiefel bearbeitete. Seine Tätigkeit bestand darin, nach der Befestigung der Innensohle das Leder über den Leisten zu ziehen und zu fixieren, bevor die eigentliche Laufsohle angebracht wurde und der geformte Schuh fertiggestellt war.

Im Juni 1887 brannte das Fabrikgebäude in der Altstadt bis auf die Grundmauern nieder. Allerdings gelang es dem Unternehmen bereits im Herbst des Jahres, die Produktion an einem neuem Standort, der Erfurter Landgrafenstraße und heutigen

Martin-Anderson-Nexö-Straße, wieder aufzunehmen. Hier, in der Nähe des Steigerwaldes, entstand nun der neue Firmensitz, das Stammwerk des späteren Lingel-Konzerns. Technische Modernisierung und Betriebsexpansion gingen Hand in Hand. Man konstruierte eine eigene Zwickmaschine, erweiterte die Anbauten und die Belegschaft wuchs bis 1892 auf 1.000 Personen.[5]

1894 waren in insgesamt elf Erfurter Schuhfabriken 2.500 Menschen beschäftigt.[6] Unter ihnen war Lingel der mit Abstand größte Betrieb mit rund 1.000 Mitarbeitern.[7] Im Jahre 1905 arbeiteten dort bereits 1.300 Menschen.[8] In dieser Zeit beschäftigte nur noch ein weiteres Unternehmen, die Königlich Preußische Gewehrfabrik, mehr als 1.000 Arbeiterinnen und Arbeiter.[9] Lingel trug maßgeblich dazu bei, dass die Schuhindustrie zu Erfurts arbeitnehmerstärkstem Industriezweig wurde. Dort arbeiteten 1919 insgesamt 7.800 Menschen.[10] In den Folgejahren konnte die Schuhproduktion ihre Führungsrolle in der Erfurter Industrielandschaft weiter ausbauen. Mit der Übernahme von drei weiteren Schuhfabriken wuchs Lingel 1922 zum Konzern mit 3.700 Beschäftigten.[11] Mit einem Grundkapital von 105 Millionen Mark war der Lingel-Konzern mit Abstand die wirtschaftsstärkste Firma am Ort, gefolgt von der Schuhfabrik F. C. Böhnert AG mit 45 Millionen Mark. Republikweit belegte die Schuhfabrik Berneis-Wessels in Augsburg mit 158 Millionen Mark den ersten Listenplatz, wie aus einer Aufstellung der kapitalstärksten Schuhfirmen in der Zeitung der Schuhmachergewerkschaft hervorgeht. In Erfurt waren

---

5 Stadtmuseum Erfurt, Der Lingel-Konzern. Jubiläumsschrift der Eduard Lingel Schuhfabrik AG, 1872–1922, Erfurt, S. 3ff.

6 Ruth Menzel/Eberhard Menzel: Alfred Hess – Schuhfabrikant, Kunstsammler und Mäzen, Erfurt 2008, S. 23.

7 Der Lingel-Konzern, S. 10.

8 Menzel/Menzel: Alfred Hess, S. 24.

9 Schmidt: Begrenzte Spielräume, S. 59.

10 Roland Kowalski: Zur Geschichte der Erfurter Schuhfabrikation, in: Stadt und Geschichte 4/2001, S. 6f.

11 Stadtmuseum Erfurt, Die Fabriken des Lingel-Konzerns, Erfurt, Grafik.

Stadtmuseum Erfurt

Grafik zum 50-jährigen Bestehen der Eduard Lingel Schuhfabrik AG, 1922

mit insgesamt zehn Firmen die meisten Schuhunternehmen an einem Ort verzeichnet.[12] Durch die Wirtschaftskrise sank die Gesamtzahl der Beschäftigten in der Erfurter Schuhfertigung 1924 zwar bis auf rund 6.000, wuchs dann aber im selben Jahr wieder auf 7.500[13] und erreichte bis 1925 rund 9.350.[14]

Die Wandlung der Produktion veränderte nicht nur die Betriebe, die Stadtgesellschaft und die örtliche Wohnstruktur, sondern auch den konkreten Arbeitsalltag der Menschen.

Der 1889 in Erfurt geborene Willi Münzenberg gibt in seiner 1917/1918 verfassten biographischen Skizze anschauliche Einblicke in diesen Fabrikalltag, den er selbst bei Lingel Anfang des Jahrhunderts als Jugendlicher erlebt hatte. Er hatte dort als Leistensortierer in der Zwickerei gearbeitet und schrieb seine Erinnerungen über zehn Jahre später in der Gefängnishaft in

---

12 Der Schuhmacher, Organ des Zentralverbandes der Schuhmacher und Publikationsorgan der Zentral-Kranken- und Sterbekasse der Schuhmacher und verwandten Berufsgenossen, 1923/16, S. 53.

13 StadtA Erfurt, 1-2/154-2 Bd. 1, Bl. 241, 244.

14 Raßloff: Flucht in die nationale Volksgemeinschaft, S. 427.

der Schweiz auf, inzwischen als Sozialist und entschiedener Kriegsgegner international engagiert:

„Am ersten Tag war ich von dem Lärm und Kreischen der Maschinen, von dem Klopfen und Pochen der Hämmer und von den vielen Stimmen wie betäubt. Ich konnte mir gar nicht vorstellen, dass ich mich jemals in diesem Betrieb zurecht finden könnte. Ich hatte tatsächlich immer Angst, mich zu verirren."

Die Kontakte zu seinen Arbeitskollegen erinnerte er als widersprüchlich. Einerseits erlebte er Freundschaft und Solidarität, gleichzeitig jedoch einen rauen, sogar gewalttätigen Umgang im Fabrikalltag:

„Die gleiche Arbeit wie ich verrichteten noch zehn gleichaltrige Burschen, das wurden nun meine Freunde. Mit ihnen sass ich zusammen während dem Frühstück, Mittag & Vesperbrot. Mit ihnen ging ich nach Hause und brachte später die Abende zu. Ihr Verkehr half mir dann auch am meisten, die Schüchternheit und Angst, die ich noch nach Wochen in der Fabrik vor dem ungewohnten Leben und Treiben empfand, zu überwinden. Die älteren Arbeiter behandelten die jüngeren, mit wenigen Ausnahmen, grob und brutal. Die meisten verkehrten nicht anders als mit Schimpfwörtern mit ihnen und manche misshandelten und warfen mit Leisten, Schuhen und anderen Gegenständen."

Rückblickend beschreibt er den Alltag in der Fabrik als abstumpfend, der geistige Horizont endete an den Mauern der Fabrik:

„Die ersten Jahre in der Fabrik verbringe ich wie in einem Dämmerzustand, ein Tag reiht sich in gleicher Eintönigkeit und im gleichen Grau an den anderen. Am Morgen haste ich in Gemeinschaft mit vielen hundert nach der Fabrik, am Abend nach Hause. Nie kommt mir der Gedanke, ja, ich glaube, sogar nie der Wunsch, dass es anders sein könnte, einmal anders werden. Ich sehe weder Frühling, Sommer, Herbst, noch Winter, weder grüne Bäume, noch welkes Laub, höre kein Vogelsang, geschweige Musik oder Konzert. Ich bin gefühls- und empfindungslos gleich den Maschinen geworden, die in der Fabrik sausen und stampfen. Meine Welt ist mein Arbeitsplatz."[15]

Doch Münzenberg verharrte nicht in der von ihm beschriebenen Dumpfheit des Fabrikalltags. Die Erfahrung der Ausbeutung ließ ihn Kontakt zu dem sozialdemokratischen Bildungsverein „Propaganda" suchen, dem er im Sommer 1906 beitrat und dessen Vorsitzender er schon ein Jahr später wurde.[16] Damit stand er nicht allein, seit den 1870er Jahren hatten sich in Erfurt Organisationsstrukturen der Arbeiterinnen und Arbeiter entwickelt, um ihren Interessen Gehör zu verschaffen und diese durchzusetzen. Neben den Schneidern waren die Schuhmacher die Pioniere dieser Gewerkschaftsbewegung in der Stadt. 1870 gründete sich eine Ortsgruppe der Internationalen Gewerksgenossenschaft der Schuhmacher, die bis 1910 2.000 Menschen organisierte.[17] Auch später wiesen die Schuhmacher einen starken gewerkschaftlichen Organisationsgrad auf, von 1924 insgesamt knapp 7.500 Beschäftigten in der Schuhfertigung waren 6.244 im Zentralverband der Schuhmacher organisiert.[18]

Besonders die industrialisierte Schuhproduktion in der Fabrik, die eine enge Abstimmung unter den Arbeitsgruppen verlangte und damit trotz des Maschinenlärms gemeinsame Kommunikationsräume bot, schuf fruchtbare Rahmenbedingungen für gewerkschaftliche Organisation.[19]

1890 bescherten die Schuharbeiter der Stadt „den härtesten Arbeitskampf, den ein einzelner Wirtschaftszweig Erfurts im Kaiserreich bis Ausbruch des Krieges erlebte."[20] Zunächst ging es um Lohnforderungen, die durch Androhung eines Streiks erfolgreich durchgesetzt werden konnten. Doch als einer der Arbeiter entlassen wurde, entstand spontan ein

15 Alle drei Zitate von Willi Münzenberg: Lebenslauf, Glashütte/Taunus 1972, S. 21f.

16 Ebenda, S. 25f.

17 Schmidt: Begrenzte Spielräume, S. 130ff.

18 StadtA Erfurt, 1-2/154-2 Bd. 1, Bl. 244.

19 Schmidt: Begrenzte Spielräume, S. 92f.

20 Ebenda, S. 315.

Solidaritätsstreik in mehreren Schuhfabriken. Die Streikenden stellten das Recht der Unternehmer, Arbeiter zu entlassen, generell infrage. Es kam zu massiven Aussperrungen, den größten bis 1921. Unter diesem Druck erkannten 1.016 von rund 1.360 Streikenden das Entlassungsrecht der Fabrikanten schriftlich an und durften danach die Arbeit wieder aufnehmen. Endete dieser Konflikt auch mit einer Niederlage der Arbeiterschaft, so konnte doch in den Jahrzehnten bis zum Ersten Weltkrieg die Schuhmachergewerkschaft an Stärke gewinnen. Ihr war damit „ein wichtiger Durchbruch in dem Erfurter Gewerbezweig gelungen“, zumal die dem preußischen Kriegsministerium unterstellte, von Militärbeamten geleitete Gewehrfabrik „ein gewerkschaftsfreier Raum“ war. [21]

Gründe, in der Gewerkschaft für eine Verbesserung der Arbeitsbedingungen einzutreten, hatten die Schuharbeiter viele. So berichtete die „Neue Zeit“, das Theorieorgan der SPD, 1913 über die schlechteren Arbeitsbedingungen der deutschen Schuharbeiter im Vergleich zu ihren US-amerikanischen Kollegen: In den USA stellten die Fabrikanten beispielsweise die Furnituren – also Arbeitsmaterialien wie Garn, Nadeln, Kleister, Zwickstifte, Schwärze, Wachs usw. – den Arbeitern zur Verfügung. In deutschen Schuhfabriken war es stattdessen üblich, dass diese Furnituren dem Fabrikanten von den Arbeitern abgekauft werden mussten und das häufig zu höheren Preisen als in den Ladengeschäften. Von den Gewerkschaften wurde dies als „Furniturenwucher“ angeprangert. Darüber hinaus betrug der Lohn der deutschen Schuharbeiter bei gleicher Leistung lediglich ein Drittel des US-amerikanischen. Entsprechend war ihr Lebensstandard wesentlich geringer.[22]

Die gewerkschaftlich organisierten Schuhmacher und Schneider in Erfurt waren das Rückgrat der Sozialdemokratie. Bereits in dem im Januar 1876 gegründeten sozialdemokrati-

---

21 Ebenda, S. 323.

22 Dionys Zinner: Eine gewerkschaftliche Denkschrift über die Verhältnisse in den amerikanischen und deutschen Schuhfabriken, in: Die Neue Zeit. 1913/48, Bd. 2, S. 799–803.

schen Wahlverein war Schumacher der am häufigsten nachweisbare Berufsstand.[23] 1886 stellten die Schuhmacher einen Anteil von 45,8 Prozent der sozialdemokratischen Wählerschaft in Erfurt, die Lingel-Arbeiter waren unter ihnen stark vertreten.[24] Dass die Sozialdemokratie durch das Sozialistengesetz, das von 1878 bis 1890 galt, verboten wurde und die sozialdemokratischen Politiker nur noch als Privatpersonen in den Reichstag gewählt werden konnten, minderte nicht ihren Rückhalt in der Arbeiterschaft, im Gegenteil.

Allerdings war die Sozialdemokratie damals weit entfernt von einer Massenbewegung: Noch 1900 zählte der Sozialdemokratische Verein in Erfurt lediglich 311 Mitglieder. Im folgenden Jahrzehnt konnte er seine Basis merklich ausbauen und die Mitgliederzahl bis 1911/12 auf mehr als 3.000 Personen verzehnfachen. Dadurch büßten die Schuhmacher ihre dominierende Stellung innerhalb der Sozialdemokratie ein. Ihr Anteil sank von 26,2 Prozent im Jahre 1896 auf 14 Prozent.[25] Das bis 1918 geltende preußische Dreiklassenwahlrecht, das wohlhabende Kreise drastisch bevorzugte, verhinderte allerdings eine Repräsentanz der Sozialdemokratie in der Erfurter Stadtverordnetenversammlung. Erst als 1911 der Arbeitervorort Ilversgehofen eingemeindet wurde, gelangten zwei Sozialdemokraten in das kommunale Parlament.[26]

Die gewerkschaftliche und politische Organisation der Arbeiterschaft in Erfurt schuf die Voraussetzungen für einen selbstbestimmten kulturellen Raum: Das Tivoli in der Magdeburger Straße. 1880 hatte dort die Actien-Brauerei Erfurt, eine der ältesten Erfurter Brauereien, ein Lokal eröffnet. Es wurde nach der für seine schöne Landschaft berühmten italienischen

23 Von 45 Mitgliedern konnte Schmidt bei 23 den Berufsstand nachweisen, es dominierten die Schuhmacher mit sechs, die Schneider mit fünf und die Tischler mit vier Vertretern, Schmidt: Begrenzte Spielräume, S. 315.

24 Schmidt: Begrenzte Spielräume, S. 262f.

25 Ebenda, S. 260ff.

26 Steffen Raßloff: Ilversgehofen. Dorf – Industrieort – Stadtteil, in: Stadt und Geschichte 33/2007, S. 3.

StadtA Erfurt

Das Tivoli in der Magdeburgerstraße 51, heute Magdeburger Allee 4, 1910

Stadt Tivoli benannt. Am Anfang der Arbeiterquartiere nördlich der Innenstadt gelegen, wurde das Tivoli besonders von Arbeitern besucht. 1887 finanzierte die Brauerei an derselben Stelle ein Neubau, der bis heute erhalten ist.

Nach der Aufhebung des reichsweiten Verbots der SPD 1890 hielt der neugegründete Erfurter Sozialdemokratische Verein seine Mitgliederversammlungen im Tivoli ab. 1900 zog der kurz zuvor gebildete Zusammenschluss der freien Gewerkschaften, das örtliche Gewerkschaftskartell, ein und eröffnete zusammen mit dem Sozialdemokratischen Verein eine Zentral-Bibliothek der organisierten Arbeiterschaft von Erfurt und Umgebung. Der Konsumverein eröffnete eine Verkaufsstelle. Mit dem Zentralverband der Schuhmacher Deutschlands und dem Deutschen Metallarbeiterverband waren zwei in Erfurt bedeutende Einzelgewerkschaften ebenfalls vertreten. Damit waren an diesem Orte die drei Säulen der Arbeiterbewegung repräsentiert: Partei, Gewerkschaft und proletarische Selbsthilfe.

1925 in „Gesellschaftshaus Harmonie“ umbenannt, wurde das Haus in der Weimarer Republik mit Bildungsabenden, politischen Versammlungen und Konferenzen, Theaterabenden, Filmvorführungen, Ausstellungen, Konzerten und Volksfesten für die ganze Familie ein zentraler Ort der politischen und kulturellen Selbstbestimmung sowie der Erholung der Arbeiterschaft in Erfurt.[27]

StadtA Erfurt

Anzeige für das Tivoli-Theater im Adressbuch der Stadt Erfurt, 1920

---

27 StadtA Erfurt, 5/421-E-1, Schuhfabrik „Paul Schäfer“, Bd. 2, unpaginiert; Christoph Wirth: Das Tivoli in der Magdeburger Allee – Einst Treffpunkt der Erfurter Arbeiterbewegung und Klubhaus bekannter Erfurter Betriebe, in: Stadt und Geschichte Nr. 52, 03/2012, S. 20f. Dort wird die Umbenennung in „Harmonie“ fälschlicherweise auf 1919 datiert, S. 20.

Schuharbeiter in Erfurt

Paul Schäfer erblickte am 15. September 1894 in der Steinstraße 19 in Erfurt das Licht der Welt. Seine 21-jährige Mutter Johanne Marie Schäfer wurde am 18. August 1873[28] in Erfurt als Tochter des Schneidermeisters Georg Schäfer und seiner Frau Johanne Friederike, geborene Fahrenkamm,[29] geboren. Marie Schäfer war ledig, der Vater ihres Sohnes ist unbekannt. Sie gehörte der evangelischen Kirche an und ließ auch ihren Sohn taufen.[30] Ihren Lebensunterhalt bestritt sie durch Arbeit in der Schuhfabrik M. & L. Hess, wo sie als Stepperin Leder nähte.[31]

Die Kindheit und Jugend von Paul Schäfer war von zahlreichen Umzügen entlang der Magdeburger Straße (heute: Magdeburger Allee) zwischen der Erfurter Altstadt und Ilversgehofen geprägt.[32] Die dort neugebauten Mietquartiere für Arbeiter waren im städtischen Durchschnitt am günstigsten, zudem war das Wohnen attraktiver als in der verwinkelten, eng bebauten Innenstadt. Im angrenzenden Ilversgehofen siedelten sich zahlreiche Fabriken an, etwa 1903 die Berlin-Erfurter Maschinenfabrik Henry Pels & Co. Die Stadt intensivierte die Entwicklung, indem sie große Areale für die Industrieproduktion freigab. So

---

28 StadtA Erfurt, Meldekarte Marie Schäfer, Film Nr. 493.

29 StadtA Erfurt, Heiratsurkunde Marie Schäfer, 2/138 B 843/1912. Trotz intensiver Recherchen konnte eine Verwandtschaft von Johanne Friederike Schäfer, geb. Fahrenkamm, zu dem Schneider Franz Fahrenkamm, der seit den 1870er Jahren zum Führungskreis der Erfurter Sozialdemokratie zählte, nicht nachgewiesen werden.

30 StadtA Erfurt, Geburtsurkunde Paul Schäfer, 2/138 B 843/1912; StadtA Erfurt, Meldekarte Paul Schäfer, Film Nr. 440.

31 Das Unternehmen war 1879 von den Brüdern Maier und Louis Hess, zwei jüdische Bürger Erfurts, gegründet worden.

32 Gemeldet waren sie in der Udestedterstraße 12 vom 5.4.1897 bis zum 21.8.1897 und vom 10.9.1897 bis zum 4.8.1899. Dazwischen war Marie Schäfer in Leipzig. Bevor sie vom 6.2.1901 bis zum 3.5.1904 in der Udestedterstraße 13 gemeldet war, wohnte sie ab dem 4.8.1899 in der Regierungstraße 18 und ab dem 16.11.1900 in der Johannesstraße 79. StadtA Erfurt, Meldekarte Marie Schäfer, Film Nr. 493.

entwickelten sich die Wohngebiete nördlich des Stadtkerns zu ausgesprochenen Arbeitervierteln. 1906 wohnten dort rund 45 Prozent aller Erfurter Arbeiterinnen und Arbeiter.[33] Alleinerziehende Frauen wie Marie Schäfer lebten unter ärmlichen Umständen, reichte doch nicht einmal der durchschnittlich höhere Lohn eines Mannes zur Existenzsicherung. In der Arbeiterschaft fungierte die Familie nicht nur als emotionale Verbindung und soziale Einheit, sie musste auch gemeinschaftlich die materielle Lebensgrundlage erwirtschaften.[34]

In diesem proletarischen Milieu wuchs Paul Schäfer auf. Schon als Knabe war er Mitglied im Arbeiter-Turn- und Sportverein. Die Gesellschaft des 19. Jahrhunderts formierte sich als sozialer Organismus vor allem über Vereine. Dazu zählte die 1810 gegründete deutsche Turnbewegung, die bürgerlich dominiert war. Erst 1890 mit dem Ende des Sozialistengesetzes konnten auch eigenständige Arbeiterturnvereine entstehen.[35] Diese übernahmen eine wichtige Rolle für Kultur, Geselligkeit und Jugendarbeit im proletarischen Milieu. 1893 trafen sich in Erfurt erstmals Arbeiter zum gemeinsamen Turnen, ein Jahr später – im Geburtsjahr Paul Schäfers – war die Gruppe auf einhundert Teilnehmer zwischen 18 und 40 Jahren angewachsen. Ende 1894 gründeten sie den Arbeiter-Turn- und Sportverein. Sie trafen sich im Saal des Restaurants „Zum Kardinal" in der Magdeburger Straße 49 und trieben dort – beschattet durch die Polizei – unter Anleitung des Schuhmachers David Friedrich Sport. Der zwischen Ilversgehofen im Norden und dem Stadtzentrum im Süden gelegene Johannesplatz wurde zu einem Zentrum des Arbeitersports.[36] Ein Foto aus dem Familienarchiv zeigt den männlichen Nachwuchs des Vereins etwa

33 Schmidt: Begrenzte Spielräume, S. 104.

34 Ebenda, S. 64.

35 Rolf Frommhagen: Die andere Fußball-Nationalmannschaft. Bundesauswahl der deutschen Arbeitersportler 1924–1932, Göttingen 2011, S. 15f.

36 Eberhard Menzel: Von einer Polizei-Geheimakte, den Arbeiterturnverein Erfurt betreffend, in: Stadt und Geschichte Sonderheft 17/2016, S. 18f.; ders.: Zur Geschichte des Arbeitersports auf dem Johannesplatz, in: Ebenda, S. 19–21.

Familienarchiv Schäfer

Paul Schäfer (1. Reihe, 3. v. l., im Original blau markiert) und Friedrich (Fritz) Klein (zweiter von oben, im Original blau markiert) im Arbeiter-Turnverein Erfurt, um 1905

StadtA Erfurt

Paul Schäfer (1.v.r.) und Friedrich Klein (4.v.l.) in den Fußballtrikots des Arbeiter- Turn- und Sportvereins, undatiert

um 1905, darunter Paul Schäfer und den drei Jahre älteren Friedrich Klein,[37] den späteren Ehemann der Schwester seiner Frau. Ein weiteres Foto zeigt die beiden als junge Erwachsene in der Fußballmannschaft dieses Vereins.

Paul Schäfer beendete die Volksschule nach acht Jahren und folgte seiner Mutter in die Schuhfabrik M. & L. Hess. 1910 trat er in die Gewerkschaft der Schuharbeiter, den Zentralverband der Schuhmacher, ein. Über seine Interessenvertretung als Arbeiter hinaus bekannte er sich zu den politischen Zielen des Sozialismus und wurde im selben Jahr Mitglied der Sozialistischen Arbeiter-Jugend.[38]

Kurze Zeit später wechselte Paul Schäfer von M. & L. Hess, der damals zweitgrößten Schuhfabrik in Erfurt, zur noch größeren Konkurrenz, der Eduard Lingel Schuhfabrik. Ein Foto aus dieser Zeit zeigt ihn mit Arbeitskolleginnen und -kollegen in der Mittagspause im Steigerwald in unmittelbarer Nähe des

---

37 StadtA Erfurt, Meldekarte Friedrich Klein, Film Nr. 423.

38 RGASPI, f. 495, op. 205, d. 7385, Kaderakte Paul Schäfer, l. 6, 22.

Familienarchiv Schäfer

Paul Schäfer (2. v. r., im Original blau markiert) und seine spätere Frau Hulda (3. v. l., im Original blau markiert) bei einer Arbeitspause im Steiger in der Nähe der Fabrik, um 1915

Werkes. Auf diesem Foto ist auch die am 31. Mai 1895 geborene Minna Hulda Schmidt zu sehen, die mit ihrer Familie aus Herbsleben nach Erfurt gezogen war.[39] Paul Schäfer und Hulda Schmidt wurden ein Paar, am 17. August 1913 erblickte ihr erster gemeinsamer Sohn Hubert das Licht der Welt.

Auch Pauls Mutter fand einen Lebenspartner: Sie heiratete am 9. Oktober 1912 den zehn Jahre jüngeren Schlosser August Max Rummel. Gemeinsam mit dem 18-Jährigen Paul wohnten sie im Storchmühlenweg 2. Die Ehe seiner Mutter währte keine zwei Jahre, am 26. September 1914 fiel August Rummel im Alter von 30 Jahren auf einem Schlachtfeld des Ersten Weltkriegs.[40]

Zu dieser Zeit arbeitete Paul Schäfer noch in der Schuhfabrik Lingel. Als durch den Krieg im Unternehmen Materialknappheit eintrat und die Rohstoffe durch ihre mindere Qualität zudem schwerer zu verarbeiten waren, gehörte er zu den

39 Privatarchiv Familie Schäfer, Heiratsurkunde Paul Schäfer und Hulda Schmidt.

40 StadtA Erfurt, Heiratsurkunde Marie Schäfer, 2/138 B843/1912.

Spitzenzwickern, die am 12. Mai 1915 mit der Firmenleitung einen Lohnzuschlag von 10 Pfennig pro Dutzend Paar Schuhe aushandelten. In der handschriftlichen Vereinbarung, die im Firmenarchiv überliefert ist, findet sich Paul Schäfers Unterschrift.[41] Das Dokument macht ihn nicht nur zum ersten Mal als Arbeitervertreter sichtbar, sondern zeigt auch, dass er sich inzwischen zu der anspruchsvollen und angesehenen Tätigkeit der Zwicker, die sich traditionell als „Arbeiterelite" empfanden, hochgearbeitet hatte.[42] Der befristete Lohnzuschlag dürfte die nach Kriegsbeginn einsetzende Verteuerung der Lebenshaltungskosten allerdings kaum ausgeglichen haben.[43] Darüber hinaus macht diese Geschichte deutlich, dass Paul Schäfer nicht zu den hunderttausenden Kriegsfreiwilligen zählte, die 1914 begeistert an die Front zogen. Offensichtlich teilte er wie viele andere Arbeiterjugendliche die Hurra-Stimmung nach Kriegsausbruch nicht. Die öffentlich demonstrierte Euphorie, die bald in patriotischen Blättern zur allgemeinen Kriegsbegeisterung umgedeutet wurde, herrschte überwiegend bei jungen Männern aus dem bürgerlichen Milieu, vor allem bei Schülern und Studenten.

Am 25. Juni 1915 und damit sechs Wochen nach der Lohnvereinbarung mit den Spitzenzwickern wurde Paul Schäfer als Musketier zum Militär eingezogen. Am 20. September desselben Jahres heiratete er seine Freundin Minna Hulda Schmidt.[44] Bis 1918 kämpfte Paul Schäfer mit dem Erfurter Infanterieregiment 71 im Grabenkrieg der Westfront. Er wurde bis Kriegsende zum Unteroffizier einer Fahrzeugkompanie befördert[45] und kam „kriegsbeschädigt" zurück nach Erfurt.[46] Welche Verletzung er erlitt, ist unbekannt.

41 LATh – HStA Weimar, Akten Eduard Lingel Schuhfabrik AG (Erfurt) Nr. 225, Bl. 1.

42 Schmidt: Begrenzte Spielräume, S. 92.

43 Willibald Gutsche: Die revolutionäre Bewegung in Erfurt während des 1. imperialistischen Weltkrieges und der Novemberrevolution, Erfurt 1963, S. 46.

44 Familienarchiv Schäfer, Heiratsurkunde Paul Schäfer und Hulda Schmidt.

45 GARF, f. 10035, op. 2, d. 3232, Strafakte Paul Schäfer, l. 8.

46 StadtA Erfurt, Meldekarte Paul Schäfer, Film Nr. 440.

Familienarchiv Schäfer

Paul Schäfer als Soldat mit seiner Ehefrau Hulda und dem ersten Sohn Hubert, 1915/16

Etwa die Hälfte der Mitglieder des Schuhmacherverbandes wurde wie Paul Schäfer zum Heeresdienst eingezogen. Dieser Einsatz an der Front war neben der Stilllegung vieler Schuhfabriken und der Abwanderung der Beschäftigten in die Rüstungsindustrie ein Grund für den massiven Mitgliedereinbruch im Zuge des Ersten Weltkrieges. Hinzu kam eine Reallohnsenkung durch die stark steigenden Lebenshaltungskosten, so dass viele Gewerkschafter ihren Mitgliedsbeitrag nicht mehr bezahlen konnten. Bis zur Jahreswende 1915/16 verlor der Schuhmacherverband 21,2 Prozent seiner Mitglieder. Damit lag der Mitgliederverlust etwa 10 Prozent über dem Durchschnitt bei den freien Gewerkschaften insgesamt während des Ersten Weltkrieges. Gleichzeitig stieg der gewerkschaftliche Organisationsgrad der Frauen.

Der Schuhmacherverband zählte von Beginn an zu den entschiedenen Kriegsgegnern und positionierte sich gegen die Politik des Burgfriedens. Er lehnte also die Kriegskredite ab und stellte den freiwilligen Streikverzicht der Gewerkschaften in Frage. In den anderen freien Gewerkschaften wurden solche oppositionellen Positionen meist zuerst an der Basis und gegen die Gewerkschaftsführung artikuliert. Nicht so im Schuhmacherverband: Sowohl Josef Simon, von 1900 bis 1933 ununterbrochen Verbandsvorsitzender, als auch Wilhelm Bock, Chefredakteur der Verbandszeitung, zählten als Sozialdemokraten zu dem Kreis, aus dem später die USPD hervorging.[47] Die innerparteiliche Opposition in der SPD wuchs mit Andauern des Krieges. Nachdem der sozialdemokratische Reichstagsabgeordnete Karl Liebknecht im Dezember 1914 die Fraktionsdisziplin gebrochen und gegen die Bewilligung der Kriegskredite gestimmt hatte, sammelte sich die radikale Antikriegsopposition um ihn. Aus dieser Gruppe Internationale entstand 1916 die Spartakusgruppe unter der Führung von Karl Liebknecht und Rosa Luxemburg, wobei die innerparteiliche Opposition sich nicht auf diese Gruppe beschränkte.

In Thüringen zählte Gotha zu den Zentren dieser Opposition. Das dort erscheinende Schuhmacherfachblatt unterstützte am 30. Januar 1916 unter der Überschrift „Disziplin und Spaltung“ die Kriegskreditverweigerung von 20 Reichstagsabgeordneten der SPD als „ein notwendig gemeinsames Vorgehen gegen einen gemeinsamen Gegner.“[48] Anfang 1917 positionierte sich auch die Erfurter „Tribüne“ als größte Thüringer Parteizeitung oppositionell. Als im April dieses Jahres die reichsweite USPD in Gotha gegründet wurde, schlossen sich von den insgesamt 13 SPD-Kreisorganisationen in Thüringen der neugegründeten Partei fünf geschlossen und drei weitere mehrheitlich an, darunter auch Erfurt.

---

47 Günther Högl: Gewerkschaften und USPD von 1916–1922. Ein Beitrag zur Geschichte der deutschen Arbeiterbewegung unter besonderer Berücksichtigung des Deutschen Metallarbeiter-, Textilarbeiter- u. Schuhmacherverbandes, München 1982, S. 77ff.

48 Schuhmacher-Fachblatt, Organ des Zentralverbandes der Schuhmacher Deutschlands und Publikationsorgan der Zentral-Kranken- und Sterbekasse der Schuhmacher und verwandten Berufsgenossen, 30. Januar 1916/5.

Auch der im reichsweiten Vergleich überdurchschnittliche Mitgliederverlust der SPD in Thüringen ist ein Hinweis auf die stark ausgeprägte Unzufriedenheit mit der Parteilinie. Waren 1917 im Deutschen Reich noch 22,4 Prozent der Mitglieder von 1914 in der Partei, waren es in Groß-Thüringen noch 12,9 Prozent, in Erfurt gar nur 5,1 Prozent.[49] In der neugegründeten USPD agierte die Spartakusgruppe als linker Flügel mit eigener Programmatik. Innerhalb von Thüringen existierten nur wenige Ortsgruppen, in Erfurt gab es keine.

Zu den Gründungsvätern der neuen Partei zählte auch Wilhelm Bock. Josef Simon trat ihr noch im selben Jahr bei, wurde ihr Abgeordneter in der Nationalversammlung und war von 1920 bis 1922 im Reichstag.[50] Er hatte einen persönlichen Bezug zu Thüringen: Mit seiner Familie lebte er von 1898 bis vermutlich 1905 in Ilversgehofen bei Erfurt.[51] Auch der Umstand, dass das Fachblatt in Gotha gedruckt wurde, ist ein Hinweis auf die regionale Verankerung der Gewerkschaft im Thüringer Raum. Galt der Schuhmacherverband insgesamt als linke Gewerkschaft, so war bei den Erfurtern neben einigen anderen Städten die Orientierung an der USPD am stärksten. Als erste Gewerkschaft überhaupt diskutierten die Schuhmacher auf ihrem Verbandstag im Juli 1918 Forderungen, die sich positiv auf die USPD bezogen. Unter anderem aus Erfurt wurde der Antrag eingebracht, Beiträge für die MSPD-nahe gewerkschaftliche Generalkommission zurückzuhalten, was sich allerdings zugunsten der Gewerkschaftseinheit nicht durchsetzen konnte.[52]

---

49 Steffen Kachel: Ein rot-roter Sonderweg? Sozialdemokraten und Kommunisten in Thüringen 1919 bis 1949, Köln/Weimar/Wien 2011, S. 141ff.

50 Adolf Mirkes (Hrsg.): Josef Simon. Schuhmacher, Gewerkschafter, Sozialist mit Ecken und Kanten, Köln 1985, S.210.

51 Ebenda, S. 208ff.

52 Högl: Gewerkschaften und USPD, S. 101–106.

Revolution in Erfurt

Die absehbare Niederlage des Deutschen Reiches veranlasste die Oberste Heeresleitung (OHL), die im Krieg faktisch als Militärdiktatur regierte, Ende September/Anfang Oktober 1918 zu einem Kurswechsel: Ein Waffenstillstand sollte geschlossen werden, damit das deutsche Militär die Verantwortung für die Niederlage nicht übernehmen musste. Allerdings waren die in der Entente zusammengeschlossenen Kriegsgegner unter Führung von Frankreich, Großbritannien und den USA nicht bereit, mit dem Kaiserreich zu verhandeln. Sie verlangten die Absetzung des Kaisers und die Demokratisierung des Landes. Die OHL wollte der Entente durch eine Revolution von oben entgegenkommen und zumindest eine parlamentarische Monarchie errichten, die dem deutschen Militär seine Machtstellung sichern sollte. Um dies zu erreichen, betrieb die OHL die Aufnahme der Mehrheitssozialdemokraten (MSPD) als größte Reichstagsfraktion in die Regierung.

Es war nicht nur die Kriegsmüdigkeit, die die Menschen in Aufruhr versetzte. Auch die desolate Versorgungssituation spitzte die Lage zu. Am 16. Oktober 1918 schrieb die sozialdemokratische „Tribüne" über die Lebensmittelversorgung in Erfurt:

„Die öffentliche Versorgung der Bevölkerung mit Lebensmitteln in Erfurt ist gewiß alles andere als üppig zu nennen. [...] Das Geld auch noch für Ware auszugeben, die nur den Namen führt, aber recht wenig mit ihren Eigenschaften zu tun hat, kann man den Verbrauchern wahrlich nicht zumuten, und die Behörden tragen durch ihre mangelhafte Aufsicht über die unter ihrer Verantwortung zur Verteilung kommenden Lebensmittel nicht dazu bei, die verbitterte Stimmung in der Bevölkerung über unsere öffentliche Lebensmittelversorgung zu besänftigen."

Am 26. und 27. Oktober forderte der USPD-Reichstagabgeordnete und Schuhmacherverbandsvorsitzende Josef Simon auf Arbeiterversammlungen in Erfurt den Frieden und trat für die Einberufung einer Nationalversammlung ein.[53]

Am 4. November weitete sich eine Meuterei der Matrosen in Kiel zum Aufstand aus. Es bildeten sich dort die ersten Arbeiter- und Soldatenräte (ASR), die Revolution begann und wurde von den nach Hause zurückkehrenden Soldaten verbreitet.[54] Im ganzen Reich entstanden in den folgenden Tagen Arbeiter- und Soldatenräte und die bewaffnete Arbeiter und Soldaten proklamierten die Revolution.[55] Auch in Erfurt, wohin Paul Schäfer nach Kriegsende zurückkehrte, wuchs die Anspannung. Das Militär besetzte am 8. November die Königlich Preußische Gewehrfabrik aus Furcht, dass sich revolutionäre Arbeiter bewaffnen könnten. Erst durch den Protest der Arbeiterschaft wie auch der Geschäftsleitung zog das Militär noch am selben Tag wieder ab. Die Angst des Militärs war nicht unbegründet: Bereits während des von Berlin ausgehenden Januarstreiks 1918 war die Gewehrfabrik ein Unruheherd gewesen. Initiator dieses größten Streik während des Ersten Weltkrieges waren die revolutionären Obleute gewesen, im Widerstand gegen die Burgfriedenspolitik der Gewerkschaften in den Betrieben gewählte Vertrauensmänner. Ein Teil der Erfurter Gewehrfabrikarbeiter hatte sich damals dem Streik angeschlossen und es waren Flugblätter der Spartakusgruppe in Umlauf gebracht worden.[56] Die in der Gewehrfabrik streikenden Arbeiter verloren jedoch damals den Ausstand und wurden sofort zum Militär eingezogen.[57]

Mit seinem Besetzungsversuch am 8. November heizte das Militär die Stimmung weiter an. Nach Schichtschluss um 17 Uhr

---

53 Mario Hesselbarth: „Gegen das Hissen der roten Flagge auf dem Rathaus erheben wir keinen Einspruch". Novemberrevolution 1918 in Thüringen, Jena 2018, S. 134.

54 Wolfgang Niess: Die Revolution von 1918/19. Der wahre Beginn unserer Demokratie, Berlin/München/Zürich/Wien 2017, S. 105–116.

55 Ulrich Kluge: Soldatenräte und Revolution. Studien zur Militärpolitik in Deutschland 1918/19, Göttingen 1975, S. 72.

56 Hesselbarth: „Gegen das Hissen der roten Flagge ...", S. 30.

57 Mario Hesselbarth: Zur Geschichte der USPD in Thüringen, Jena 2017, S. 30.

bewegte sich ein Großteil der 6.000 Arbeiterinnen und Arbeiter zum Domplatz, wo sie von weiteren Belegschaften Unterstützung erhielten. Die Absetzung des bayerischen König Ludwig III. und die Ausrufung der Republik in München einen Tag zuvor beschäftigte die Versammlung. Doch der Bezirksverbandvorsitzende der USPD und Schriftleiter der „Tribüne" Heinrich Mehrhof forderte zu Besonnenheit auf. Im Anschluss zogen die Demonstranten zum Tivoli, auf dem Weg kam es zur Verbrüderung von Arbeitern und Soldaten. Vor Ort vereinigte sich die Demonstration mit der in den Streik getretenen Belegschaft der Hagans-Maschinenfabrik. Es folgten weitere Ansprachen durch Mehrhof und den Vorsitzenden des Erfurter Gewerkschaftskartells Karl Knöner.[58] Die Vertrauensleute der Gewehr- und der Maschinenfabrik beschlossen, einen Arbeiterrat zu bilden. Infolgedessen traten MSPD und USPD zusammen und bestimmten aus ihrer Mitte die Angehörigen des Rates. Am folgenden Tag schlossen sich die Soldaten der gesamten Erfurter Garnison den Revolutionären an und bildeten einen Soldatenrat. Dass die Revolution in Erfurt durch die Arbeiter initiiert wurde und die Soldaten sich ihnen anschlossen, war eine Seltenheit: Überwiegend wurde die Fabrik durch die Kaserne revolutioniert.[59]

Der Erfurter Arbeiter- und Soldatenrat bekannte sich in einem Neun-Punkte-Programm zur sozialistischen Republik Deutschland und forderte die unverzügliche Einberufung der Nationalversammlung.[60] Darüber hinaus verkündete der ASR, für strengste Ordnung zu sorgen und die Sicherheit der Person sowie des Eigentums zu garantieren.[61] Diese Punkte fanden sich in fast allen Räteaufrufen aus Städten vergleichbarer Größe wieder.[62] Die Dominanz im ASR hatte die in Erfurt

58 Hesselbarth: „Gegen das Hissen der roten Flagge ...", S. 72f.

59 Kluge: Soldatenräte und Revolution, S. 105.

60 Ebenda, S. 72f.

61 Hesselbarth: „Gegen das Hissen der roten Flagge ...", S. 114.

62 Eberhard Kolb: Die Arbeiterräte in der deutschen Innenpolitik 1918–1919, Frankfurt/Main u.a. 1978, S. 88.

gemäßigte USPD,[63] den Spartakisten gelangt es trotz intensiver Agitation nicht, relevante Machtpositionen zu besetzen.[64] Durchaus untypisch war das Angebot des ASR an das Erfurter Bürgertum, durch drei Sitze im ASR mitzuarbeiten. Dieses lehnte jedoch ab, da ihnen diese Beteiligung nicht weit genug ging.[65] Belege, dass Paul Schäfer Teil des Erfurter Arbeiter- und Soldatenrates gewesen war, ließen sich nicht finden und sind wohl eher Produkt der geglätteten DDR-Biographie.[66]

In der folgenden Zeit breitete sich die Revolution im gesamten Regierungsbezirk Erfurt aus. Ab dem 10. November fanden zumeist durch lokale USPD-Mitglieder einberufene Volksversammlungen statt, in denen Mitglieder des ASR zur aktuellen politischen Entwicklung sprachen, beispielsweise in Suhl. Daraufhin wurden Arbeiter- und Soldaten- bzw. Arbeiter- und Bauernräte gewählt, der sich die lokalen Verwaltungen widerstandslos unterstellten.[67]

Heinrich Mehrhof warb sowohl auf der Erfurter Mitgliederversammlung der USPD am 27. November als auch auf der Bezirkskonferenz Großthüringen am 19. Dezember für die Nationalversammlung sowie für gemeinsame Wahllisten mit der MSPD. Auf diesem Weg sollte ein sozialistisches Deutschland geschaffen und die Sozialisierung, also die Enteignung und gesellschaftliche Organisation der Produktionsmittel, vorangetrieben werden. Mehrhof kritisierte auch die Vorbehalte gegen die Einberufung der Nationalversammlung in seiner Partei.[68] Zeitgleich konnte der ASR als Tagesforderungen sozialpolitische Verbesserungen durchsetzen: Ab 1. Dezember galt in Erfurt zumindest in der Metallindustrie der Acht-Stun-

---

63 Ebenda, S. 109.

64 Kluge: Soldatenräte und Revolution, S. 72f.

65 Hesselbarth: „Gegen das Hissen der roten Flagge ...“, S. 112.

66 Wie zum Beispiel in der Betriebszeitung des VEB Schuhfabrik „Paul Schäfer“, die zu seinem 61. Geburtstag 1955 erstmals ausführlich über Paul Schäfers Leben berichtete. Siehe: Patriot. Betriebszeitung für die Belegschaft des VEB „Paul Schäfer“ Erfurt, 10. September 1955, S. 1, 4.

67 Hesselbarth: „Gegen das Hissen der roten Flagge ...“, S. 100.

68 Ebenda, S. 139f.

dentag bei vollem Lohnausgleich.[69] Am 4. Dezember gelang es dem Schuhmacherverband erstmals, einen Reichstarifvertrag für die Schuhindustrie zu verhandeln, der eine wöchentliche Arbeitszeit von 47 Stunden festsetzte und eine verbindliche Regelung der Furniturenfrage vorsah. Im Mai 1919 wurde ein Urlaub von sieben Werktagen festgesetzt.[70]

Am 10. Dezember 1918 tagte in Erfurt eine Konferenz der ASR der verschiedenen Kleinstaaten Thüringens, zu der 69 Delegierte im Rathaus zusammen kamen. Sie forderten einen Staat Thüringen als Teil der Einheitsrepublik Deutschlands. Wurden die Räte später auch verdrängt, so war diese Konferenz doch „ein maßgeblicher Impuls und Auftakt für die Gründung des Landes Thüringen am 1. Mai 1920."[71]

Bisher hatten die in Erfurt dem Spartakusbund nahestehenden Personen innerhalb der USPD keine eigene Struktur gebildet. Dies änderte sich Ende Dezember 1918. Kurz vor Weihnachten kam der zu den Revolutionären Obleuten Berlins gehörende Karl Klein zurück in seine Heimatstadt Erfurt und ergriff nun die Initiative. Er lud über Zeitungsinserate und Mundpropaganda zu einer ersten Zusammenkunft am 26. Dezember ins Tivoli ein, um eine Ortsgruppe des Spartakusbundes ins Leben zu rufen. Noch vor der eigentlichen Gründung wurden einige Anarchosyndikalisten, die sich ebenfalls eingefunden hatten, ausgeschlossen. Schließlich bildete ein kleiner Kreis noch am selben Abend die Erfurter Ortsgruppe und entsandte Karl Klein und Herrmann Lindemann zur Spartakus-Reichskonferenz nach Berlin. Dort entstand zum Jahreswechsel die Kommunistische Partei Deutschlands (KPD). Bereits am 2. Januar 1919 gründete Klein in der Gaststätte „Zum Kardinal" in der Magdeburger Straße 49 in Erfurt die

---

69 Ebenda, S. 126.

70 Mirkes: Josef Simon, S. 124f., 197.

71 Hesselbarth: „Gegen das Hissen der roten Flagge ..." S. 132; siehe auch: Karsten Rudolph: Die Thüringer Arbeiterbewegung vom Kaiserreich bis zum Ende der Weimarer Republik, Erfurt 2018, S. 63ff.

erste Ortsgruppe der KPD in Thüringen.[72] Ob Paul Schäfer, der mit Karl Kleins Bruder Friedrich seit Kindestagen befreundet war, damals dabei war, ist fraglich.[73] Er selbst gab 1932 an, Mitglied der KPD seit ihrer Gründung zu sein.[74] Mit Sicherheit trat Paul Schäfer 1919 in die KPD ein, im selben Jahr verließ er die evangelische Kirche.[75]

Anfang des Jahres 1919 brachen in Berlin mit der Besetzung des Zeitungsviertels die sog. Januarkämpfe aus. Weder von der KPD geplant noch organisiert, wurden sie von der jungen Partei allerdings nach Beginn unterstützt. Auch in Erfurt kam es zu Solidaritätsdemonstrationen, an denen sowohl KPD-, USPD- als auch MSPD-Mitglieder teilnahmen. Im Zuge einer großen Demonstration am 14. Januar wurden die Parteibüros der rechtsnationalen DNVP und der rechtsliberalen DVP gestürmt und Werbematerial angezündet. In der Johannesstraße besetzten die Demonstranten kurzzeitig die Redaktion des Erfurter „Allgemeinen Anzeigers" und erzwangen den Druck einer Extraausgabe mit der Erklärung, die Arbeiterbewegung nicht weiter verleumden zu wollen.[76] Der Erfurter ASR, dessen 50-köpfige Volkswehr die Aufrechterhaltung der öffentlichen Ordnung übernommen hatte, geriet unter Druck und distanzierte sich von den Parteibürobesetzungen.

Der von Freikorps verübte Mord an den KPD-Vorsitzenden Karl Liebknecht und Rosa Luxemburg am 15. Januar 1919 brachte zehn Tage später 20.000 Menschen aus allen Arbeiterparteien in Erfurt auf die Beine.[77] Auf der Straße konnte

---

72 Hesselbarth: „Gegen das Hissen der roten Flagge ...", S. 140ff.

73 Wäre er dabei gewesen, hätte ihn Willibald Gutsche, der Ende der 1950er Jahre über die Novemberrevolution promovierte und dafür mit Karl Klein noch ein Zeitzeugengespräch führen konnte, sicher erwähnt. Gutsche: Revolutionäre Bewegung.

74 RGASPI, f. 495, op. 205, d. 7385, Kaderakte Paul Schäfer, l. 7.

75 StadtA Erfurt, Meldekartei Paul Schäfer, Film Nr. 440 sowie RGASPI, f. 495, op. 205, d. 7385, Kaderakte Paul Schäfer, l. 6.

76 Gutsche: Revolutionäre Bewegung, S. 187.

77 Thea Jacob: Die Revolution 1918–1920 in Erfurt. Neue Perspektiven auf Quellen im Erfurter Stadtarchiv, Berlin 2015, unveröffentlichtes Manuskript, S. 25.

die KPD ihre Position geltend machen, in den städtischen Institutionen blieb ihr Einfluss allerdings beschränkt. Zudem verweigerte die frühe KPD die Teilnahme an parlamentarischen Wahlen. Lediglich in den Rätestrukturen, die in ihren Kompetenzen jedoch zunehmend beschnitten wurden, erreichte sie eine gewisse Bedeutung. So sollen ihr im Februar 1919 ein Viertel der Mitglieder des Bezirks-ASR von Erfurt nahegestanden haben.[78] Als Truppen des General Maercker in Gotha einmarschierten, um dort die Rätestrukturen zu zerschlagen, trat auf Betreiben linker USPDler und Kommunisten die Erfurter Arbeiterschaft vom 27. Februar bis zum 8. März aus Solidarität in den Generalstreik. Anlass war auch ein Bergarbeiterstreik in Mitteldeutschland für bisher nicht eingelöste Forderungen nach Mitbestimmung durch Betriebsräte.[79] Der offene Zwist zwischen ASR und KPD in Erfurt wurde deutlich, als sich Maercker Ende Februar inoffiziell in der Stadt aufhielt. Kommunisten, unter ihnen Karl Klein, erkannten ihn und griffen ihn und seinen Begleiter an. Der ASR sorgte dagegen für seinen Schutz.[80]

Am 2. März 1919 fand die Wahl zur neuen Stadtverordnetenversammlung statt, aus der die USPD mit 37,2 Prozent als stärkste Kraft hervorging. Die SPD erreichte nur 14,9 Prozent, hinter der linksliberalen DDP mit 22,6 Prozent und nur knapp vor der rechtsnationalen DNVP mit 13,6 Prozent. Gemeinsam verfügten SPD und USPD mit 31 von 60 Sitzen über eine absolute Mehrheit. Die KPD war nicht zur Wahl angetreten.[81] Als schließlich am 30. März 1919 der Arbeiterrat neu gewählt wurde – der Soldatenrat war bereits aufgelöst –, beteiligte sich die KPD nicht an dieser neuerlichen Wahl. Mit neun Sitzen für die MSPD und 31 für die USPD verloren auch die anderen Arbeiterparten an Einfluss, ihnen standen nun im Arbeiterrat

78 Illustrierte Geschichte der deutschen Revolution, Berlin 1929, S. 373.

79 Willibald Gutsche: Geschichte der Stadt Erfurt, Weimar 1989, S. 385ff.

80 Kolb: Arbeiterräte in der deutschen Innenpolitik, S. 300f.

81 Gutsche: Geschichte der Stadt Erfurt, S. 383.

35 Vertreter der christlich-nationalen Liste und des Beamtenbunds gegenüber. Nachdem die staatliche finanzielle Unterstützung immer mehr gekürzt wurde, stellte der Rat de facto am 1. April seine Tätigkeit mittellos ein.[82]

Erfurt blieb jedoch ein unruhiges Pflaster: Am 5. Mai befreiten 1.500 Arbeiter einen Kollegen aus der Haft in der Andreasstraße, der an tätlichen Übergriffen auf zwei Leutnants beteiligt gewesen sein soll.[83] Vom 19. bis 23. Juni 1919 streikten die Eisenbahner in Erfurt, was schließlich den Einmarsch der Truppen Maerckers auch in Erfurt veranlasste.[84] Das Jahr 1919 sorgte für eine Polarisierung innerhalb der USPD. Im September sprach sich die Mehrheit der Erfurter Ortsgruppe für den Beitritt zur Kommunistischen Internationale (Komintern) und ein Zusammenschluss mit der KPD aus.[85]

Analog zu den Konflikten in der USPD entspannte sich im Schuhmacher-Fachblatt ein Streit darüber, welcher internationalen Gewerkschaftsorganisation man sich anschließen solle, der sozialdemokratischen Amsterdamer Internationale oder der sich bildenden bolschewistischen Profintern.[86] Diese sollte als Rote Gewerkschaftsinternationale (RGI) in Abspaltung vom Internationalen Gewerkschaftsbund (IGB) gegründet werden. Dabei bewies die Redaktion eine beachtliche Streittoleranz: Sie druckte beide Positionen und verkündete „im Interesse des Zusammenhalts sich parteilos [zu]halten.“[87].

Der Gewerkschaftskonflikt ließ sich allerdings vom politischen Konflikt nur schwer trennen.

Auf ihrem II. Weltkongress im Sommer 1920 beschloss die Komintern 21 Aufnahmebedingungen. Punkt 10 verlangte

---

82 Willibald Gutsche: Die Kämpfe der Erfurter Arbeiter gegen die Reaktion im Frühjahr 1919, Erfurt 1963, S. 37ff.

83 Raßloff: Flucht in die nationale Volksgemeinschaft, S. 183f., 191.

84 Gutsche: Geschichte der Stadt Erfurt, S. 389f.

85 Hesselbarth: Geschichte der USPD, S. 67.

86 Schuhmacher-Fachblatt, 5. September 1920/36, 12. September 1920/37, 19. September 1920/38.

87 Schuhmacher-Fachblatt, 5. September 1920/36.

„einen hartnäckigen Kampf gegen die Amsterdamer ‚Internationale' der gelben Gewerkschaften zu führen" und „die in der Entstehung begriffene internationale Vereinigung der roten Gewerkschaften, die sich der Kommunistischen Internationale anschließen, mit allen Mitteln" zu unterstützen. Die Gretchenfrage der Gewerkschaftseinheit warf jedoch Punkt 9 auf. Dort wurde gefordert, „innerhalb der Gewerkschaften, der Arbeiterräte, der Betriebsräte, der Genossenschaften und anderen Massenorganisationen [...] kommunistische Zellen" zu bilden, die „vollkommen der Gesamtpartei untergeordnet sein" müssten. Dabei gelte es, „den Verrat der Sozialpatrioten und den Wankelmut des ‚Zentrums' zu entlarven", wobei die USPDler Karl Kautsky und Rudolf Hilferding als dessen Vertreter namentlich genannt werden. Punkt 7 forderte „kategorisch und ultimativ die Vollziehung dieses Bruchs [vom Zentrum] in kürzester Frist."[88] In ihrer Summe bedeuteten diese Aufnahmebedingungen die Spaltung der Gewerkschaftseinheit, auch wenn diese Konsequenz etwa unter den kommunistischen Mitgliedern des Schuhmacherverbandes nicht mitgetragen wurde. So versicherten sie wiederholt, sich nicht an einer Spaltung der Gewerkschaft zu beteiligen.[89]

Im Frühjahr 1920 kam es zum Versuch eines konterrevolutionären Staatsstreichs gegen die Republik. Am 13. März 1920 putschten hohe Militärs der Reichswehr gegen die Regierung in Berlin. General von Lüttwitz setzte Generallandschaftsdirektor Wolfgang Kapp, nach dem der Putsch benannt wurde, als neuen Reichskanzler ein. Die sozialdemokratischen Mitglieder der Reichsregierung, die Gewerkschaften sowie die Arbeiterparteien riefen daraufhin zum Generalstreik auf. Die KPD schloss sich dem Aufruf erst einen Tag später an.

---

88 Leitsätze über die Bedingungen der Aufnahme in die Kommunistische Internationale, angenommen auf dem II. Kongreß der Kommunistischen Internationale am 6. August 1920. In: Institut für Marxismus-Leninismus beim ZK der SED (Hrsg.): Der I. und II. Kongress der Kommunistischen Internationale, Berlin 1959, S. 236–242.

89 Högl: Gewerkschaften und USPD, S. 400.

Auch in Thüringen und im preußischen Erfurt mobilisierten sich wie im ganzen Reich die Arbeiter zur Abwehr des Putsches. Es kam zu Zusammenstößen zwischen streikenden Arbeitern und dem Militär. Angesichts der sich schnell aufbauenden Streikfront erklärte Kapp am 16. März, er lege das Amt nieder. Bis zum 26. März blieb es in Erfurt unruhig, bei Auseinandersetzungen mit dem Militär gab es mehrere Tote. Von Paul Schäfer wird in den DDR-Quellen eine aktive Teilnahme an den Kämpfen in Erfurt und Gotha gegen den Kapp-Putsch berichtet.[90] Dies ist wahrscheinlich, lässt sich jedoch durch Quellenrecherche in dem zuständigen Landesarchiv Thüringen – Staatsarchiv Gotha nicht belegen.

Tatsächlich erstreckte sich die Revolutionsperiode in Erfurt bis zum Kapp-Putsch 1920.[91] Am 1. Mai 1920 wurde schließlich das Land Thüringen gegründet, Erfurt blieb jedoch preußisch. Entgegen diesen staatlichen Strukturen schlossen die Thüringer KPD-Strukturen Erfurt ein, deshalb gehörte der KPD-Stadtverband zur KPD Großthüringen.

90 Z.B. Patriot. Betriebszeitung für die Belegschaft des VEB „Paul Schäfer" Erfurt, 10. September 1955, S. 4.

91 Jacob: Revolution 1918–1920 in Erfurt, S. 27.

Kommunist und Betriebsrat

In den großen Streiks 1919 entstanden in den Unternehmen erste Betriebsratsstrukturen. Auch Paul Schäfer war nach eigenen Angaben bereits ab 1919 Betriebsrat bei Lingel.[92] Nun geriet die Forderung nach einer gesetzlichen Verankerung der Betriebsräte in den Fokus der republikweiten Öffentlichkeit. Anfänglich befürchteten die Gewerkschaften einen Machtverlust durch die Betriebsräte und lehnten sie ab. Schließlich aber unterstützten sie diese, um so über gesetzlich garantierte Institutionen in den Betrieben zu verfügen. Allerdings entsprach der im Reichstag verhandelte Gesetzesvorschlag nicht den Erwartungen. Sowohl die unabhängige Rätebewegung als auch die Gewerkschaften und die Arbeiterparteien USPD und KPD lehnten den Gesetzentwurf überwiegend ab. Als bei einer Demonstration von über 100.000 Menschen gegen den Gesetzesentwurf am 13. Januar 1920 in Berlin die Polizei nach Rangeleien in die Menge schoss, war das der blutige Höhepunkt der Kraftprobe zwischen der Weimarer Koalition aus SPD, DDP und Zentrum und der linken Opposition. 42 Menschen starben, über 100 wurden verletzt. Die Demonstration war bis heute die opferreichste in Deutschland.[93] Das am 4. Februar 1920 trotz der Proteste verabschiedete Betriebsrätegesetz blieb weit hinter den Hoffnungen der Arbeiterbewegung zurück. Besonders § 66 provozierte Widerstand: Dort hieß es, der „Betriebsrat hat die Aufgabe [...] die Betriebsleitung durch Rat zu unterstützen“ sowie „den Betrieb vor Erschütterungen zu bewahren“. Diese Mitwirkung widersprach dem Anliegen großer Teile der Arbeitnehmerschaft, Betriebsräte als parteiische Klassenorganisationen zu etablieren, und sollte die Arbeitervertretung an die Interessen der Betriebsleitung binden.

---

92 RGASPI, f. 495, op. 205, d. 7385, Kaderakte Paul Schäfer, l. 8.

93 Axel Weipert: Vor den Toren der Macht. Die Demonstration am 13. Januar 1920 vor dem Reichstag, in: Jahrbuch für Forschungen zur Geschichte der Arbeiterbewegung Mai 2012/2, S. 16–32.

Die Spitze des Schuhmacherverbands sprach sich gegen gewerkschaftsunabhängige Betriebsratsorganisationen aus, schon allein der doppelten Beitragsbelastung der Arbeitenden wegen, und forderte früh „das Hand in Hand arbeiten der Betriebsräte und Gewerkschaften zum besten der Arbeiterschaft".[94] Als Gesamtziel verlangte der Verband die Sozialisierung der Schuhindustrie, also ihre Enteignung und Überführung in Gemeineigentum. Diese Orientierung fand großen Anklang. Innerhalb eines Jahres verdreifachte sich die Mitgliederzahlen im Bezirk Erfurt auf 16.252 Ende 1919, im April 1920 folgte der Höchststand an organisierten Arbeiterinnen und Arbeitern republikweit mit 100.027 Mitgliedern im Schuhmacherverband.[95]

Der Nürnberger Verbandstag Ende April 1920 billigte mit 129 zu 38 Stimmen die oppositionelle Orientierung der Gewerkschaft,[96] die sich unter anderem durch eine starke Kritik am Betriebsrätegesetz artikulierte. Im November trat der Verband aus der Zentralarbeitsgemeinschaft der industriellen und gewerblichen Arbeitgeber und Arbeitnehmer aus, ohne die Forderung nach Tarifverträgen aufzugeben.[97]

Vom 9. bis 11. August 1920 organisierte der Schuhmacherverband eine eigene Betriebsrätekonferenz in Nürnberg, auf der insgesamt 62 Betriebsräte zusammenkamen. Einerseits galt es, innerverbandlich eine gemeinsame Linie im Hinblick auf die Betriebsräte zu entwickeln. Andererseits wurde die Schuhindustrie von einer intensiven Krise erschüttert.

Nachdem am 15. August 1919 die im Krieg eingeführte Zwangswirtschaft und damit die Preisfestsetzungen aufgehoben worden waren, stiegen die Lederpreise stark an. Knapp 32.000 Schuharbeiterinnen und -arbeiter verloren ihre Arbeit, lediglich ein Drittel der Beschäftigten konnte weiter voll arbei-

94 Schuhmacher-Fachblatt, 26. Oktober 1919/43.

95 Högl: Gewerkschaften und USPD, S. 256, 258ff.

96 Gerhard Laubscher: Die Opposition im Allgemeinen Deutschen Gewerkschaftsbund (ADGB) 1918–1923, Frankfurt/Main 1979, S. 186f.

97 Högl: Gewerkschaften und USPD, S. 263ff.

ten, die anderen nur in Kurzarbeit. Die Verbandskonferenz forderte deshalb eine höhere Arbeitslosenunterstützung und die Wiedereröffnung der stillgelegten Betriebe. Würde die Forderung nicht erfüllt, müsste sie von den Betriebsräten in eigener Regie umgesetzt werden. Deren Rechte gelte es überhaupt zu erweitern, damit sie „bestimmenden Einfluß auf Produktion und Preisbildung ausüben können."

Uneinigkeit herrschte bei der Frage, ob die Betriebsräte Teil der Gewerkschaftsbewegung seien oder eigenständige Organisationsstrukturen bilden müssten. Josef Simon vertrat den Standpunkt, dass die Betriebsräte nur integriert in die Gewerkschaftsbewegung wirksam sein können. Gegen Simon exponierten sich Berliner und Erfurter Vertreter als radikale Befürworter der Eigenständigkeit der Räte, um sie so vor den nichtrevolutionären deutschen Gewerkschaften zu schützen. Aus Berlin hieß es: Wenn „sich die deutschen genauso wie die russischen Gewerkschaften zu revolutionären Organisationen umgestaltet hätten, wäre eine besondere Räteorganisation überflüssig." Im gleichen Tenor betonte ein Erfurter ihren politischen Charakter: „Betriebsräte sind Funktionäre, die auch zu politischen Tagesfragen Stellung zu nehmen haben." Darüber hinaus habe man „bereits unsere Räteorganisation [in Erfurt], in welche sämtliche Parteien ihre Vertreter entsenden. Es besteht ein Ausschuss mit 15 Mitgliedern, von denen neun Betriebsräte sind. Die Organisation arbeitet in engster Fühlung mit den Gewerkschaften." Schließlich verwarf die Konferenz bei vier Gegenstimmen selbstständige Betriebsräteorganisationen. Festgehalten wurde, dass die Aufgaben der Räte nur dann erfüllt werden können, wenn „sie im engsten Zusammenwirken mit den auf revolutionären Boden stehenden Gewerkschaften und deren Vertretern ausgeübt werden." Das Betriebsrätegesetz müsse modifiziert werden, so „daß die Betriebsräte den Produktionsprozeß im Interesse der produzierenden Arbeiter und der Verbraucher beeinflussen können." Besonders der Umgang mit Entlassungen und Betriebsschließungen nahm breiten Raum ein. Einstimmig wurde ein gemeinsames Vorgehen zur Wiedereinstellung Entlassener beschlossen.

Kontrovers fiel der Umgang mit Arbeiterinnen aus, die im Verlauf des Krieges vermehrt in den Fabriken eingestellt worden waren. Aus Erfurt hieß es: Bei Frauen, „die auf Grund der Bestimmungen der Demobilmachungsstelle entlassen werden, weil sie nicht direkt auf Verdienst angewiesen sind," sei ein Engagement „zwecklos". Eingang in die Resolution fanden die von Entlassung betroffenen Arbeiterinnen schließlich nicht. Einstimmig angenommen wurde die „Aufklärung und Erziehung aller Arbeitnehmer zum Sozialismus" als Aufgabe der Betriebsräte sowie die Perspektive der „Umwandlung der kapitalistischen Profit- in die sozialistische Bedarfswirtschaft". Im Hinblick auf die Sozialisierungsforderungen betonte man, dass „in den Betriebsräten die Kräfte heranzubilden" seien, „die zur Übernahme der Kontrolle befähigt sind."[98] Die Schuhmachergewerkschaft vertrat damit innerhalb der freien Gewerkschaften die radikalsten politischen Forderungen und war gleichzeitig darauf bedacht, die Einheit der Gewerkschaftsbewegung nicht in Frage zu stellen.

Mit dieser Konferenz bereitete sich der Schuhmacherverband auf den vom Allgemeinen Deutschen Gewerkschafts-Bund (ADGB) einberufenen Kongress vom 5. bis 8. Oktober in Berlin vor, auf dem sich der ADGB erstmals mit der noch jungen Institution der Betriebsräte befasste. Die insgesamt acht Bezirke des Zentralverbandes der Schuhmacher waren in Berlin mit je einem von Betriebsräten gewählten Vertreter präsent, nur die starken Bezirke Erfurt und Dresden verfügten über zwei Mandate.[99] Der Kongress ähnelte thematisch und im Verlauf dem der Schuhmacher, allerdings war er mit knapp 1.000 Delegierten weitaus größer. Auf der Tagesordnung standen die wirtschaftliche Lage der Republik, Machtverhältnisse und Sozialisierung sowie Aufgaben und

98 Schuhmacher-Fachblatt, 22. August 1920/34, 29. August 1920/35, 5. September 1920/36.

99 Schuhmacher-Fachblatt, 29. August 1920/35.

organisatorische Zusammenfassung der Betriebsräte. Der Kongress forderte „die Betriebsräte und die Gewerkschaften auf, im Verein mit den Arbeiterparteien alle ökonomische und politische Macht der Arbeiterklasse auf die Verwirklichung des Sozialismus zu konzentrieren." Die Aufgabe der Betriebsräte sei die „Gesamtkontrolle über die einzelnen Industriezweige [...] wie der Gesamtindustrie" zu entwickeln. Zumeist wurden die Beschlüsse annährend einstimmig getroffen. Nur in der Frage der Einheit von Betriebsräten und Gewerkschaften wurde eine deutliche Minderheitsmeinung sichtbar. So votierten circa 150 der knapp 1.000 Delegierten für selbstständige Betriebsräteorganisationen. Wie deutlich der Kongress unter dem Eindruck der Revolution stand, wird im Auftreten von Rudolf Wissel deutlich. Als erster sozialdemokratischer Wirtschaftsminister hatte er ein Jahr zuvor noch die Vorschläge der vom Rat der Volksbeauftragten eingesetzten Sozialisierungskommission kategorisch verhindert.[100] Nun setzte er sich – wohl eher aus taktischen Gründen – für die „Sozialisierung der dazu reifen Wirtschaftszweige und der Stärkung des Einflusses der Hand- und Kopfarbeiter auf die übrige Wirtschaft" ein, wie es in der Resolution hieß, die nach seinem Referat verabschiedet wurde.[101]

Neben Berlin und Stuttgart exponierte sich immer wieder Erfurt als ein kommunistisch geprägtes Zentrum innerhalb der Schuharbeiter. Als die KPD am 22. und 23. Mai 1921 nach Erfurt zu einer Reichskonferenz der Bekleidungs-, Textil- und Lederarbeiter aufrief, intervenierte der Gewerkschaftsvorstand des Schuhmacherverbandes. Am 4. Mai richtete er eine Erklärung an alle Verbandsmitglieder des Inhalts, dass ihn zwar „die politische Gesinnung unserer Mitglieder gar nichts" angehe, wer allerdings „bewußt die Einheitsfront im proletarischen Kampf zerstört [...] kann in den freien Gewerkschaften

100 Manfred Behrend: „Der Wandschirm, hinter dem nichts geschieht" – Bildung, Tätigkeit und Ende der ersten deutschen Sozialisierungskommission, in: Beiträge zur Geschichte der Arbeiterbewegung 4/1998, S. 19–35.

101 Schuhmacher-Fachblatt, 27. Oktober 1920/44.

keinen Platz mehr haben."[102] Das Statement zeigt einerseits große politische Offenheit, andererseits wird mit der Verteidigung der Gewerkschaftseinheit eine klare Grenze markiert. Ob aufgrund dieser Erklärung ein Ausschluss erfolgte, ist nicht bekannt.

1921 fusionierten in Wien die internationalen Gewerkschaftssekretariate der Schuhmacher, Gerber und Sattler zur Internationalen Vereinigung der Schuh- und Lederindustrieabeiter. Dass der Verbandsvorsitzende Josef Simon zum Sekretär des neuen Internationalen Berufssekretariats gewählt wurde, zeigt die starke Rolle der Deutschen in der neuen Organisation. Zwischen Simon und dem sowjetischen Gewerkschaftsvertreter Juzefovič – der als Gast, nicht als Delegierter an der Gründungskonferenz teilnahm – kam es zur Auseinandersetzung über die internationale Ausrichtung: Simon warb für den sozialdemokratisch geprägten Internationalen Gewerkschaftsbund (IGB) mit Sitz in Amsterdam und Juzefovič für die kommunistische Profintern in Moskau.

Die folgende Resolution, die sich zum IGB bekannte, konnte sich bei sechs Gegenstimmen eindeutig durchsetzen.[103] Bis 1924 vereinigte diese Schuhmacherinternationale 28 Organisationen aus 18 Ländern.[104]

Auch beim deutschen Verbandstag vom 12. bis 17. Juni 1922 in München wurde deutlich, dass eine organisierte kommunistische Opposition bei den Schuhmachern existierte. Zwar stieß das Vorgehen kommunistisch dominierter Ortsgruppen auf massive Kritik des Vorsitzenden Simon, zugleich wurden kommunistische Initiativen jedoch auch vom Vorstand mitgetragen. So erklärte sich der Verband bereit, 10.000 Mark an die kommunistische Rote Hilfe zur Unterstützung der in den Märzkämpfen Verhafteten zu spenden, sofern die Mittel

102 Ebenda, 4. Mai 1921/19.

103 Reiner Tosstorff: Profintern: Die Rote Gewerkschaftsinternationale 1920–1937, Paderborn 2004, S. 307, 478.

104 Mirkes: Josef Simon, S. 130ff., 290.

ordnungsgemäß verwendet würden. Dem Verband gelang es also trotz kontroverser Diskussionen verschiedene politische Strömungen in einer Gewerkschaft zur vereinen, was sich auch daran zeigte, dass der gesamte Vorstand einstimmig wiedergewählt wurde.[105]

Selbst bei äußeren Angriffen stellte sich der Verband hinter seine kommunistischen Kollegen. Beispielsweise pikierte sich die christliche Deutsche Lederarbeiterzeitung darüber, dass in der Stuttgarter Ortsgruppenleitung des Schuhmacherverbandes sechs der sieben Mitglieder ein kommunistisches Parteibuch hatten. In der Verbandszeitschrift erwiderte man trotzig: „Warum sollen nicht auch die Anhänger der Kommunistischen Partei ihr gewerkschaftliches Können zeigen?“[106] Als Fazit lässt sich festhalten, dass die frühe Opposition der Schuhmacher-Gewerkschaftsführung gegen den Krieg und ihr überzeugendes Eintreten für die Sozialisierung die Einheit dieser Gewerkschaft sicherte. Entgegen anderer Gewerkschaftsführungen und des ADGB waren die Spitzenfunktionäre der Schuhmacher nicht durch die Burgfriedenspolitik diskreditiert und wurden deshalb als authentische Vertreter der Verbandspositionen anerkannt. Trotz aller Differenzen genossen sie auch das Vertrauen der radikaleren Anhänger der KPD. Insgesamt ist die enge Bindung zwischen Verbandsbasis und -führung bei den gewerkschaftlich organisierten Schuhmacher oft beschrieben worden. Gleichwohl veranlasste der intensive Mitgliederzuwachs seit der Revolution den Verband, von seinen Mitgliedern eine aktive Mitarbeit einzufordern. Sie sollten nicht nur zahlendes Mitglied sein,[107] ein Problem, das sämtliche Gewerkschaften betraf.

Die Fähigkeit der Gewerkschaft zum Arbeitskampf wurde 1923 auf eine harte Probe gestellt. Bereits Ende Dezember 1922 zeigte sich ein Niedergang der Schuhindustrie, 49% der

---

105 Schuhmacher-Fachblatt, 21. Juni 1922/25 und 28. Juni 1922/26.

106 Der Schuhmacher, 1923/15, S. 52.

107 Ebenda, 1922/45, S. 177.

Schuharbeiter und 58% Schuharbeiterinnen waren von Kurzarbeit betroffen.[108] Die Ereignisse Anfang 1923 beschleunigten die Krise der Wirtschaft und Gesellschaft der jungen Weimarer Republik. Das Minderheitenkabinett des parteilosen Wilhelm Cuno war mit den Reparationszahlungen in Verzug geraten, weshalb am 11. Januar französische und belgische Truppen das wichtigste Industriegebiet der Republik – das Ruhrgebiet – besetzten. Der von der Regierung für das Ruhrgebiet ausgerufene passive Widerstand belastete den Staatshaushalt stark, eine massive Inflation folgte und die deutsche Mark verlor an Wert. Im Verlauf des Jahres spitzte sich die soziale Lage in der Republik extrem zu. Die Auswirkungen lassen sich am Einkommen der Arbeitskräfte in der Schuhindustrie zeigen: Im Gebiet Großthüringen (einschließlich Erfurt) erhielt ein über 21-Jähriger ab dem 4. November 1922 im Spitzenfall 95 Mark. Frauen verdienten 80 % des Lohns der Männer.[109] Ende Januar 1923 betrug der Männerlohn bereits 350 Mark,[110] ab dem 24. Februar 1000 Mark.[111] Bis zum 7. Juli kletterte er auf 6.500 Mark.[112]

Die Zuspitzung der sozialen Lage spiegelt sich in der Betriebsgeschichte von Lingel wider. Paul Schäfer vertrat als kommunistischer Betriebsrat des Lingel-Stammwerkes gemeinsam mit drei weiteren Kollegen 1923 über 2.000 Beschäftigte.[113] Um der politischen Agitation Herr zu werden, versuchte die Betriebsleitung im April, durch eine Änderung der Arbeitsordnung politische Werbung „in Wort und Schrift, insbesondere die Verteilung von Zeitungen und Flugschriften“ zu unterbinden. Das scheiterte zunächst daran, dass die Betriebsräte ihre Zustimmung verweigerten. Der sozial-

108 Ebenda, 1922/51, S. 202f.

109 Ebenda, 1922/44, S. 175.

110 Ebenda, 1923/4, S. 16.

111 Ebenda, 1923/9, S. 32.

112 Ebenda, 1923/28, S. 100.

113 LATh – HStA Weimar, Eduard Lingel Schuhfabrik AG, Erfurt Nr. 250, Bl. 25. 1922 hatte das Lingel-Stammwerk 2.200 Beschäftigte. Der Lingel-Konzern, S. 15.

demokratische Betriebsrat Karl Horn gab zu bedenken, dass die Änderung „nur dazu benutzt werden würde um unbequemen Arbeitnehmern daraus einen Stick zu drehen, sodass die Betriebsräte hieraus Schwierigkeiten hätten.“[114] Der Konflikt zog sich bis September des Jahres hin. Die Angelegenheit kam schließlich vor den Schlichtungsausschuss, der vorschlug, zukünftig „[a]rbeitsstörende politische Werbetätigkeit“ zu untersagen.[115] Diese Kompromisslösung wurde vermutlich umgesetzt.

Zur gemeinsamen Betriebsratssitzung aller Lingelfabriken mit der Konzernleitung am 18. Juni 1923 vermerkte das Protokoll die Wortmeldung Paul Schäfers, „daß er gewusst habe, daß nach dem Zusammenbruch der Markstabilisierung ein dauerndes Anziehen des Dollars eintreten würde.“ Die Entgegnung der Konzernleitung fiel spöttisch aus: „Herr Dressel bittet ihn um Beistand bei Abschluß von Geschäften, wenn er die Eigenschaft habe, voraussehend zu sein.“[116] Gänzlich falsch lag Paul Schäfer mit seiner These tatsächlich nicht, noch im September 1923 ärgerte sich die städtische Polizei, dass stetige Verteuerung und steigender Dollarkurs den Kommunisten „den besten Vorwand [geben] die Massen dauernd in Unruhe zu halten [...].“[117] Wilde Streiks fanden dabei auch bei Lingel statt, so dass die Betriebsleitung Mitte August „ausdrücklich bekannt“ gab, dass sie „bei erneuter Inangriffnahme von Demonstrationen, politischer oder agitatorischer Werbetätigkeit, passiver Resistenz oder Streik, zur Aufrechterhaltung von ungestörter Ruhe und Ordnung im Betriebe alle gebotenen Mittel anwenden werden.“[118]

Ruhe und Ordnung kehrten allerdings nicht ein. Stattdessen verschärfte sich die Krise weiter. In einem Erfurter Lagebericht vom 17. August 1923 fasste die Polizei zusammen, dass sich

114 LATh – HStA Weimar, Eduard Lingel Schuhfabrik AG, Erfurt Nr. 250, Bl. 22.

115 Ebenda, Nr. 219, Protokoll der Sitzung vom 20. September 1923.

116 Ebenda, Nr. 250, Bl. 33.

117 StadtA Erfurt 1-2/154/2, Band 1, Bl. 22.

118 LATh – HStA Weimar, Eduard Lingel Schuhfabrik AG, Erfurt Nr. 250, Bl. 8.

„die Wirtschaftslage ungeheuer verschlechtert", „eine allgemeine Waren- und Lebensmittelknappheit" eingestellt und deshalb „die Notlage weiter Volkskreise bis zur Unerträglichkeit gesteigert" habe.[119] Die Polizei registrierte eine intensive kommunistische Agitation in den Betrieben und rege Sitzungen der kommunistischen Betriebsräte, öffentliche Aktionen unterband sie jedoch.

Das Krisenjahr 1923 beflügelte kommunistische Revolutionshoffnungen. Es war wenig verwunderlich, dass sich die Revolutionäre im Aufwind sahen, nachdem zwischen Juni und August weite Teile der Republik von intensiven Streiks erfasst worden waren. Die KPD wollte am 10. August 1923 die Gunst der Stunde nutzen und versuchte, die SPD und den ADGB für einen gemeinsamen Aufruf zum Generalstreik zu gewinnen, allerdings erfolglos. Stattdessen riefen am 11. August die kommunistischen Betriebsräte Berlins zum Generalstreik auf, der sich über Berlin, Hamburg, die Lausitz, Sachsen bis hin nach Thüringen ausbreitete.[120] In Erfurt beteiligten sich aus 48 größeren Betrieben insgesamt 12.597 Arbeiter an dem Ausstand, sämtliche Schuh- und Maschinenfabriken waren beteiligt.[121] Am 12. August trat das Kabinett Cuno zurück. Den von den Kommunisten initiierten politischen Streik sah die Führung des Schuhmacherverbandes als unvereinbar mit den gewerkschaftlichen Positionen an. Am 22. August 1923 verurteilte die Verbandszeitung „Der Schuhmacher" die Teilnahme von Verbandmitgliedern und Funktionären am Streik als „eine schwere Schädigung der Verbandsinteressen". Der Streik habe „die Volkswirtschaft ganz in Frage" gestellt, man dürfe kein „Mithelfer politischer Umsturzpläne" sein.[122]

Die massive Inflation machte auch dem Schuhmacherverband zu schaffen. Nur dank seiner internationalen Vernetzung

---

119 StadtA Erfurt 1-2/154/2, Band 1, Bl. 19.

120 Heinrich August Weber: Von der Revolution zur Stabilisierung, Berlin/Bonn 1984, S. 598f.

121 StadtA Erfurt 1-2/154/2, Band 1, Bl. 20.

122 Der Schuhmacher, 1923/34, S. 119.

und Unterstützung konnte er seine Strukturen aufrechterhalten und Verwaltungskosten und Gehälter bezahlen.[123] Im Spätsommer 1923 stellte sich der Kommunist und Gewerkschafter Paul Schäfer den Mitgliedern des Schuhmacherverbandes im Bezirk Erfurt zur Wahl als Delegierter für den Internationalen Kongress der Vereinigung der Schuh- und Lederindustriearbeiter in Dresden. Doch er unterlag seinem Gegenkandidaten B. Illmer mit 1.835 Stimmen gegen 2.676 Stimmen.[124] Zwar scheiterte seine Kandidatur, doch die hohe Zahl seiner Unterstützer belegt die inzwischen herausragende Rolle Paul Schäfers in der Erfurter Arbeiterbewegung. Relevant war der Kongress vor allem, da er über die Aufnahme der russischen Gewerkschaft entscheiden sollte. Kurz zuvor setzten sich die Berliner Mitglieder für eine Aufnahme ein. Zugleich waren der russischen Gewerkschafter Juzefovič und Josef Simon in einen kollegialen Austausch getreten. Zwar teilten beide das Interesse einer Annäherung zwischen der Amsterdamer und Moskauer Gewerkschaftsbewegung, jedoch war das Internationale Berufssekretariat der Schuh- und Lederindustrieabeiter nicht gewillt, den Internationalen Gewerkschaftsbund durch eine Aufnahme der russischen Gewerkschaft zu brüskieren. Die Konferenz lehnte schließlich nach einer kontroversen Diskussion den Beitritt nicht kategorisch ab, stellte jedoch gleichzeitig für die russische Gewerkschaft unakzeptable Bedingungen auf wie das Kontaktverbot mit nicht dem IGB angehörenden Verbänden oder die Unterlassung der kommunistischer Zellenbildung.[125]

Im Oktober 1923 formierten sich in Thüringen und Sachsen Koalitionsregierungen aus SPD und KPD. Gleichzeitig gewannen in Deutschland auch völkische und faschistische Bewegungen zunehmend eine Basis und verfügten vor allem in Bayern über großen Einfluss. Um sich dagegen verteidigen

123 Mirkes: Josef Simon, S. 130ff., 290.

124 Der Schuhmacher, 1923/36, S. 124.

125 Tosstorff: Profintern, S. 560f.

zu können, stellten Kommunisten und linke Sozialdemokraten paramilitärische Kampfverbände revolutionär gesinnter Arbeiter auf, die sogenannten Proletarischen Hundertschaften. Parallel entwickelten die Komintern und die KPD Aufstandspläne, weil sie angesichts der zugespitzten Situation in der Weimarer Republik davon ausgingen, durch einen revolutionären Aufstand die Macht erringen zu können. Die entstehenden Proletarischen Hundertschaften wurden dabei als potentielle Bürgerkriegsarmee eingeplant, weshalb die Komintern ihre Aufstellung durch sowjetische Militärberater unterstützte.

Als am 12. Oktober Proletarische Hundertschaften in der Nähe des thüringischen Stotternheim bei Erfurt zu Übungen zusammenkamen, waren dort 1.200 Menschen beteiligt, darunter auch Erfurter.[126] Im preußischen Erfurt ließ der Militärbefehlshaber am 21. und 22. Oktober 17 führende Kommunisten in Schutzhaft nehmen, wobei bei den Hausdurchsuchungen laut Polizeibericht nichts Belastendes gefunden wurde.[127] Höchstwahrscheinlich war Paul Schäfer unter den Verhafteten. Er gab 1938 zu Protokoll, er sei „1923 wegen der Betreibung kommunistischer Propaganda in den Erfurter Betrieben von der politischen Polizei festgenommen" worden und habe zwei Monate in Haft verbracht. Er sei dabei „nicht verhört", sondern „entlassen [worden], ohne dass es zu einem Prozess gekommen ist."[128]

Am 23. Oktober marschierten Truppen der Reichswehr in Sachsen ein, nachdem die sächsische Regierung Anordnungen aus Berlin ignoriert hatte, die Hundertschaften aufzulösen und die kommunistischen Minister zu entlassen. Der sozialdemokratische Ministerpräsident Erich Zeigner wurde abgesetzt. Bereits zwei Tage zuvor hatte eine Konferenz der Betriebsräte und Gewerkschafter in Chemnitz den von der KPD im Falle eines Einmarsches der Reichswehr geforderten

126 StadtA Erfurt 1-2/154/2, Band 1, Bl. 41.

127 Ebenda, Bl. 42.

128 GARF, f. 10035, op. 2, d. 3232, Strafakte Paul Schäfer, l. 10.

Generalstreik verworfen. In Einschätzung der aussichtslosen Situation und der geringen Kampfbereitschaft der Arbeiter brach die KPD-Führung die Vorbereitungen für die Revolution, den „deutschen Oktober“, ab. Als die Reichswehr auch in Thüringen einrückte, schieden die kommunistischen Minister aus der Regierung aus und tauchten unter. Sie bezichtigten ihre ehemaligen sozialdemokratischen Koalitionspartner des Verrats, diese wiederum warfen den Kommunisten Flucht vor der Verantwortung vor.[129] Damit war das thüringische Kabinett aufgelöst, weder Sozialdemokraten noch Kommunisten waren in Thüringen bis 1933 noch einmal an der Regierung beteiligt. Das Ende der Arbeiterregierungen in Sachsen und Thüringen und das Scheitern des „deutschen Oktobers“ vertiefte die Spaltung der deutschen Arbeiterbewegung. Die Deutung, die Ursache sei einerseits der sozialdemokratische Verrat und andererseits das opportunistische Handeln der damaligen KPD-Führung um Heinrich Brandler und August Thalheimer gewesen, wurde zu einem der „Eckpfeiler der politisch-ideologischen Konzeption“ der Komintern im nächsten Jahrzehnt.[130]

Für die KPD war ihre Niederlage ein herber Rückschlag, sie wurde nun in die Illegalität getrieben und konnte erst ab März 1924 wieder legal arbeiten. Dass sie ihre Erwerbslosenarbeit verstärkte, kommentierte die Politische Polizei in Erfurt lakonisch, dass es ihr wenig schwer fallen würde, dort Einfluss auszuüben, schließlich sei „ein grosser Teil der Führer der K.P.D. erwerbslos“.[131]

Das Scheitern des kommunistischen Umsturzes wirkte auch auf die Politik der Komintern zurück. Bisher hatten viele russische Revolutionäre gehofft, durch weitere Revolutionen in Mitteuropa die Isolation der Sowjetunion durchbrechen zu können. Sowohl die Komintern als auch Teile der KPD sahen

---

129 Rudolph: Thüringer Arbeiterbewegung, S. 107ff.

130 Friedrich I. Firsov: Ein Oktober, der nicht stattfand, in: Ders., Bayerlein, Bernhard H. et al. (Hrsg.): Deutscher Oktober 1923. Ein Revolutionsplan und sein Scheitern, Berlin 2003, S. 35–58.

131 StadtA Erfurt 1-2/154/2, Band 1, Bl. 65.

den Grund für das Scheitern der deutschen Revolution in einer ungenügenden „Bolschewisierung“ der Partei.[132] Galt die kommunistische Partei Russlands auf dem II. Weltkongress der Komintern im Juli 1920 für die angeschlossenen Parteien noch als Vorbild, so wurde nun aus der erwünschten Nachahmung Zwang. Hinzu kam die Einschränkung innerparteilicher Demokratie durch Zentralisierung und die straffe Organisation als Kaderpartei. Zunehmend wurden die Parteimitglieder durch Schulungen auf die aktuelle Parteilinie gebracht. Auch Paul Schäfer gab in einem Fragebogen 1932 an, dass er erstmals 1924 und ein zweites Mal 1927 an einer Parteischulung teilgenommen habe.[133] Damit zählte er zu einer Minderheit der Parteimitglieder, denn noch Ende 1929 konstatierte das ZK, dass bisher lediglich zehn Prozent der Mitglieder entsprechende Schulungen durchlaufen hätten.[134]

Zur „Bolschewisierung“ gehörte die 1924 verbindlich erklärte Umstellung auf die Betriebszellenstruktur. Zwar hatte die KPD zum IV. Weltkongress im November 1922 bereits „ein grosses Gerüst von Gewerkschafts- und Betriebsfraktionen“ vorzuweisen,[135] doch war sie gleichzeitig – ähnlich der SPD – nach Wohngebieten und Straßenzügen strukturiert. Nun wurde diese Organisationsform gänzlich durch Betriebszellen ersetzt, analog zur russischen kommunistischen Partei, die sich in der Illegalität durch diese Struktur besser vor der Überwachung durch die Polizei hatte schützen können. Auch das Ziel, den eigenen Einfluss in nichtkommunistischen Organisationen wie den freien Gewerkschaften zu stärken, war

132 Hermann Weber: Die Wandlung des deutschen Kommunismus – Die Stalinisierung der KPD in der Weimarer Republik, Bd. 1, Frankfurt/Main 1969, S. 53–112.

133 RGASPI, f. 495, op. 205, d. 7385, Kaderakte Paul Schäfer, l. 9.

134 Klaus-Michael Mallmann: Kommunisten in der Weimarer Republik. Sozialgeschichte einer revolutionären Bewegung, Darmstadt 1996, S. 218.

135 Die K.P.D. zwischen dem III. und IV. Weltkongress: Tätigkeitsbericht zum IV. Weltkongress der Komintern (5. 11. 1922), in: Hermann Weber/Jakov Drabkin/Bernhard H. Bayerlein, Deutschland, Russland, Komintern, Bd. 6/1, Berlin/München/Boston 2015, Dok. 75a, S. 269.

Teil dieser Strategie.[136] Deshalb wurden nun kommunistische Zellen in den Gewerkschaften gebildet, die dort Fraktionsarbeit leisteten.

Auch bei Lingel in Erfurt wurde diese Umstellung auf Betriebszellen vorangetrieben. Am 14. Mai 1924 nahmen 30 Personen an einem Treffen der kommunistischen Betriebszelle teil. Mit dem Lingel-Betriebsrat Otto Habermalz stammte auch der neue Erfurter Organisationsleiter der KPD aus dieser Betriebszelle. Er bekleidete dieses Amt seit dem 19. Mai 1924.[137] Am 10. Juni stellte die Polizei fest: „Die bisherige Organisierung der Partei nach Strassen und Bezirken besteht seit dieser Woche in Erfurt nicht mehr."[138] Doch tatsächlich verlief die Umstellung auf Betriebszellen insgesamt schleppend. Hermann Kellermann, Vorsitzende der Erfurter KPD,[139] kritisierte am 27. Juni 1924 vor 200 Parteimitgliedern die mangelhafte Umstellung. Als positives Beispiel – da hier strikt nach den Richtlinien der Partei gearbeitet würde – hob er die Betriebszelle bei Lingel hervor,[140] in der auch Paul Schäfer organisiert war. Kellermanns Nachfolger Alfred Schmidt machte Anfang 1925 wenig zimperlich deutlich, dass die Betriebszellenumstellung forciert gehöre, wer daran nicht mitwirke, der könne mit einem Parteiausschluss rechnen.[141]

Auch in der Schuhmachergewerkschaft leistete Paul Schäfer Parteiarbeit, so erspähte ihn die Politische Polizei Preußens am 2. Juni 1924 in der kommunistischen Fraktionssitzung der oppositionellen Schuhmacher. Hier sprach er vor circa 60 Menschen neben zwei weiteren Lingel-Beschäftigten über die kommunistische Werbewoche sowie anstehende Entlassun-

---

136 Julius Braunthal: Geschichte der Internationale, Bd. 2, Berlin/Bonn 1974, S. 188ff.

137 StadtA Erfurt, 1-2/154-2 Bd. 1, Bl. 140.

138 Ebenda, Bl. 152.

139 Hermann Weber/Andreas Herbst: Deutsche Kommunisten. Biographisches Handbuch 1918 bis 1945, Berlin 2008², S. 440.

140 StadtA Erfurt, 1-2/154-2 Bd. 1, Bl. 164.

141 Ebenda, Bl. 288.

gen.[142] Dass es nicht nur bei polizeilicher Überwachung blieb, musste Paul Schäfer wenige Wochen später erfahren, als die Polizei ihn und alle Mitglieder einer kommunistischen Konferenz in Eisenach festsetzte. Er wurde den Erfurter Behörden übergeben und mit einer Strafe von 150 Mark belegt.[143]

In Erfurt zeigte sich erstmals am 28. Januar 1925 eine kommunistische Dominanz im Verband: Mit 634 Stimmen gegen 350 Stimmen erklärte die Erfurter Generalversammlung den Anschluss an die Rote Gewerkschaftsinternationale, auch Profintern genannt, den von der Komintern geführten Zusammenschluss kommunistischer Gewerkschaften. Die bereits in vorherigen Sitzungen deutlich gewordenen Differenzen zwischen Kommunisten und Sozialdemokraten gipfelten hier, die Sozialdemokraten verließen in Folge der Wahl demonstrativ den Saal.[144] Der Beschluss zeigt, dass sich Kommunisten wie Paul Schäfer innerhalb des Schuhmacherverbandes in Zellen organisierten und erfolgreich Fraktionsarbeit betrieben. Im Gesamtverband hatten sie jedoch nur einen geringen Einfluss.

Generell war der Einfluss der KPD in den Gewerkschaften seit 1923 massiv zurückgegangen.[145] Zu dieser Schwächung kam die Furcht, die Wahl Paul von Hindenburgs zum Reichspräsidenten Ende April 1925 könne den Weg zurück zur Monarchie ebnen. Infolge rückte die Führung der KPD von ihrem ultralinken Kurs ab und öffnete sich wieder für eine Einheitsfrontpolitik mit der SPD. Der Rotfrontkämpferbund in Erfurt etwa, zu dem vermutlich auch Paul Schäfer zählte,[146] erklärte sich bereit, das sozialdemokratische Reichsbanner Schwarz-Rot-

142 StadtA Erfurt, 1-2/154-2 Bd. 1, Bl. 152f.

143 GARF, f. 10035, op. 2, d. 3232, Strafakte Paul Schäfer, l. 11.

144 StadtA Erfurt, 1-2/154-2 Bd. 1, Bl. 302.

145 Braunthal: Geschichte der Internationale, S. 322f.

146 Seine Mitgliedschaft wird allerdings nur in DDR-Quellen bezeugt, so etwa in: Patriot. Betriebszeitung für die Belegschaft des VEB „Paul Schäfer“ Erfurt, 10. September 1955, S. 4.

Gold gegen monarchistische Verbände wie den Stahlhelm „bedingungslos [zu] unterstützten.“[147]

Anfang Juni 1925 sprach sich in Erfurt, so der Polizeibericht, auch die Schuhmacherfraktion der KPD für eine gewerkschaftliche Einheitsfront aus.[148] Allerdings wollte man keine Kooperation auf Leitungsebene, sondern nur die sozialdemokratische Basis für sich gewinnen und damit den eigenen Einfluss in den Gewerkschaften verstärken. Zuvor war in Erfurt am 6. März von der KPD bereits ein „Komitee zur Schaffung der nationalen und internationalen gewerkschaftlichen Einheitsfront“ gegründet worden, nachdem der englische Kommunist Tim Smith vor 800 Menschen zur Gewerkschaftsfrage referiert hatte.[149] Auch Paul Schäfer war Mitglied. Ende Mai 1925 wurde er vom Erfurter Schuhmacherverband zum Teilnehmer der ersten deutschen Arbeiterdelegationsreise in die Sowjetunion ernannt.[150]

Anfang 1926 existierten in Thüringen insgesamt 17 „Einheitskomitees“, unter anderem in Gera, Suhl und Eisenach. In rund der Hälfte der Komitees arbeiteten auch Sozialdemokraten mit, ansonsten waren vor allem Gewerkschaften, Freidenker und Arbeitersportverbände daran beteiligt.[151]

147 StadtA Erfurt, 1-2/154-2 Bd. 2, Bl. 56f.

148 Ebenda, Bl. 48.

149 StadtA Erfurt, 1-2/154-2 Bd. 1, Bl. 320.

150 StadtA Erfurt 1-2/154/2, Bd. 2, Bl. 46.

151 Kachel: Ein rot-roter Sonderweg?, S. 190f.

169a

Stadtverordneten-Wahl.

1

Freiwirtschaftsbund FFF

1. Hornke, Franz, Lehrer
2. Müller, Johannes, Schuhf.-Arb.
3. Gonnermann, Minna, Hausfrau
4. Rach, Erich, Angestellter

2

Deutsche Arbeitnehmerpartei

1. Elgner, Max, Stadtbetriebsassist.
2. Spindler, Edmund, Eisenbahnsch.
3. Klopsch, Georg, Ingenieur
4. Ortmann, Willy, Arbeiter

3

Wirtschaftsliste Ullrich

1. Ullrich, Walter, Architekt
2. Lorentz, Norbert, Lehrer
3. Küthmann, Heinrich, Werkmstr.
4. Schneider, Alfred, Malermeister

4

Kommunistische Partei

1. Ebeling, Ottomar, Eisenbahner
2. Weidemüller, Hermann, Arbeiter
3. Schäfer, Paul, Schuhmacher
4. Hering, Otto, Bauarbeiter

5

Deutschnationale Volkspartei

1. Hofmann, August, Kaufmann
2. Teiwes, Otto, Fabrikbesitzer
3. Krau e. Friedrich, Klempnermstr.
4. Heil, Dr. August, Studienrat

6

Volkswohlfahrtsliste

1. Koenig, Herm., Vors. d. Mieterver.
2. Reeh, Erhard, Kaufmann
3. Seidel, Ernst, Mittelschullehrer
4. Mering, Dr. Ernst, Rechtsa. u. Not.

7

Berufstätige Frauen

1. Bradinal, Helene, Telegr.-Sekr.
2. Fischer, Minna, Handarbeitsinsp.
3. Scharfenberg, Charl., Geschäftsf.
4. Brehm, Elisabeth, Eisenbahnsekr.

8

Vereinigte Sozialdemokrat. Partei

1. Friedrich, Richard, Geschäftsführ.
2. Besching, Louis, Betriebsleiter
3. Mehrhof, Heinrich, Schriftleiter
4. Kniese, Adeline, Ehefrau

9

Völkisch-Sozialer Block

1. Kammer, Ernst, Regierungsobers.
2. Ruthe, Erich, Beamter
3. Lehmkuhl, Dr. Wilh., Zahnarzt
4. Kneisel, Karl, Lehrer

10

Bürgerliche Gemeinschaftsliste

1. Schreiber, Reinh., Zimmermstr.
2. Rollert, Otto, Direktor
3. Rotter, Karl, Rentner
4. Kammerzell, Franz, Postinspekt.

StadtA Erfurt

Stimmzettel für die Erfurter Stadtverordneten-Wahl 1924. Auf der Liste 4 (KPD) steht Paul Schäfer auf Platz 3.

Stadtverordneter

1924 wurde in Erfurt eine neue Stadtverordnetenversammlung gewählt: Paul Schäfer konnte auf Listenplatz drei der KPD[152] ein Mandat erlangen. Er war nun Mitglied der größten Fraktion in Erfurt, denn die KPD erzielte 10 der 51 Mandate.[153] Gleichzeitig gewann Paul Schäfer an Einfluss in der Erfurter KPD. Kurz nach der Neuwahl zur Stadtverordnetenversammlung wurde die Ortsleitung umgebildet. Der neue KPD-Organisationsleiter wurde der Lingel-Betriebsrat Otto Habermalz,[154] über ihn hatte Paul Schäfer nun persönlichen Kontakt zur städtischen Führung der KPD.

Als am 13. Mai 1924 die neuen Stadtverordneten durch den Oberbürgermeister der Stadt Erfurt, Dr. Bruno Mann, begrüßt wurden, war Paul Schäfer selbst nicht anwesend. Die bei dieser Gelegenheit an die neuen Stadtverordneten überreichten Schlüssel und Dokumente nahm für ihn Josefa Klein entgegen, die Frau von Karl Klein.[155] Die Verbindung zwischen den Familien Klein und Schäfer wurde durch die Heirat von Friedrich Klein, dem Bruder von Karl, und Minna Schmidt, der Schwester von Pauls Frau Hulda, am 24. Mai noch enger.[156] Auch Friedrich Klein war ein engagierter Kommunist. Im September 1924 wurde er in der ersten Mitgliederversammlung des Rotfrontkämpferbundes als Beisitzer in den Vorstand gewählt.[157] In seiner Zeit als Stadtverordneter arbeitete Paul Schäfer bis 1931 in verschiedenen Ausschüssen mit: dem Ausschuss für Sozialisierung, für Leibesübungen, für Schlacht- und Viehhöfe,

152 StadtA, Stimmzettel Stadtverordneten Wahl 1924.

153 StadtA Erfurt, 1-2/005-4, Bl. 68f.

154 StadtA Erfurt, 1-2/154-2 Bd. 1, Bl. 140.

155 StadtA Erfurt, 1-2/005-4, Bl. 102, sowie Meldekarte Karl Klein, Film-Nr. 39.

156 StadtA Erfurt, Meldekarte Friedrich Paul Klein, Film-Nr. 423.

157 StadtA Erfurt, 1-2/154-2 Bd. 1, Bl. 201.

für gewerbliche Berufsschulen sowie dem Theater- und dem Haushaltsausschuss.[158]

Die Stadtverordnetenversammlung sah sich durch die extreme Wohnungsnot in Erfurt mit unzähligen Bittschreiben von Einwohnern konfrontiert, die von der Stadt die Zuweisung einer Wohnung verlangten. So schrieb Mitte Dezember 1924 der Buchdrucker Richard Reichenbach mit der Vormerknummer 11.702 sichtlich frustriert, „wenn ich heute die einst liebe, mir heute verhasste Heimat verlassen könnte mit Frau und Kindern, glauben Sie mir, ich wäre der glücklichste Mensch auf der Welt [...].“[159] Im März 1925 sah sich der Schwerkriegsgeschädigte Wilhelm Hackenberg mit der Vormerknummer 10.269 genötigt, die Stadt um Hilfe zu bitten, damit „wenigstens der Teil meiner Gesundheit erhalten bleibe, den ich aus dem Krieg mit heimgebracht habe.“[160] Die KPD verstand es, den Kampf gegen die Wohnungsmisere mit ihren antimilitaristischen Positionen zu verknüpfen: am 21. August 1925 hakte sie nach, ob inzwischen aus privaten Mitteln Wohnungen gebaut worden seien, zumal die zuvor als Wohnraum für die Zivilbevölkerung genutzte Jägerkaserne am Südfriedhof geräumt worden war.[161] Einen Monat nach dem Einzug des Reiterregiments 16 in die Kaserne sorgte die KPD-Fraktion für einen kleinen Eklat: Sie verlangte vom Magistrat, also dem Oberbürgermeister Dr. Bruno Mann und den Beigeordneten, eine Auskunft, woher das Geld für einen von ihnen veranstalteten Bierabend zur Feier des Einzugs stamme. Der Oberbürgermeister blieb die Antwort schuldig, da „diese Angelegenheit die Stadtverordneten-Versammlung nichts angehe“,[162] und der Magistrat verließ aus Protest den Plenarsaal. Nur die beiden kommunistischen Beisitzer blieben.

---

158 StadtA Erfurt, 1-2/005-28, Bl. 186, 199f., 273, 429.

159 StadtA Erfurt, 1-2/005-20, Bl. 18.

160 Ebenda, Bl. 112.

161 StadtA Erfurt, 1-2/005-4, Bl. 147.

162 Ebenda, Bl. 154.

In den folgenden Jahren nahmen die Kommunisten angesichts einer relativen Stabilisierung des Kapitalismus Abstand von konkreten Revolutionsplänen. Erst als die Kommunistische Internationale 1928 eine massive Wirtschaftskrise und revolutionäre Entwicklungen erwartete, setzte sie in einem folgenreichen Richtungsschwenk auf eine konfrontative Politik: Mit der Sozialdemokratie war nun jegliche Zusammenarbeit nicht nur ausgeschlossen, sie galt sogar als Hauptfeind der kommunistischen Bewegung. Sie wurde als Handlanger der Bourgeoisie denunziert und mit der Sozialfaschismusthese zu verschleierten Faschisten erklärt. Diese Kursänderung fiel in eine Zeit, als Stalin seine Macht zementierte. Er hatte in der Sowjetunion seit dem Tode Lenins Anfang 1924 seine innerparteilichen Gegner und Konkurrenten ausgeschaltet. Darüber hinaus verabschiedete er sich jetzt innenpolitisch von der relativ liberalen Neuen Ökonomischen Politik und ging über zur forcierten Industrialisierung und Zwangskollektivierung des Landes.[163]

Der ultralinke Kurs bedeutete auch die Spaltung der Gewerkschaftsbewegung durch den Aufbau rein kommunistischer Gewerkschaften.[164] Positionen, die eine lebensweltliche Orientierung, Einheitsgewerkschaften und eine Einheitsfrontpolitik gegenüber der Sozialdemokratie befürworteten, wurden als sogenannte rechte Ansichten an den Rand gedrängt. Als sich dieser Kurs auf dem VI. Weltkongress der Komintern 1928 durchsetzte, äußerte der Thüringer KPD-Bezirksleiter Hans Tittel als einziger deutscher Vertreter Kritik.[165]

Damit riskierten Ernst Thälmann, der seit 1925 Vorsitzender der KPD war, und die anderen stalintreuen Dogmatiker eine Spaltung der Partei. Um August Thalheimer und Heinrich

---

163 Helmut Altrichter: Kleine Geschichte der Sowjetunion 1917–1991, München 2013, S. 64ff.

164 Kachel: Ein rot-roter Sonderweg?, S.193f; Braunthal: Geschichte der Internationale, S. 360ff.

165 Theodor Bergmann: Gegen den Strom, Hamburg 2001, S.56.

Brandler, die 1923 im „deutschen Oktober“ die KPD geführt hatten und nach dem Scheitern des Revolutionsversuchs abgesetzt worden waren, kristallisierte sich eine Opposition gegen den neuen Kurs. In der traditionell „rechts“ geprägten Thüringer KPD traf diese Strömung auf großen Widerhall. Doch sie konnte ihre Positionen innerhalb der Parteistrukturen nicht mehr artikulieren und wurde hinausgedrängt. Deshalb baute sie ab November 1928 als KPD-Opposition (KPO) eigene Strukturen mit dem Ziel auf, Einfluss auf die Partei zu gewinnen. Am 17. November erschien erstmals ihre theoretische Zeitschrift „Gegen den Strom“. In Erfurt hatte bereits Anfang April 1928 die in Suhl gedruckte Tageszeitung „Volkswille“ als „Reichsorgan der Opposition in der Kommunistischen Partei Deutschlands“ einen Presseplatz in der Erfurter Stadtverordnetenversammlung beantragt.[166]

Auf die republikweite Oppositionsentwicklung reagierte die Berliner KPD-Zentrale mit massiven Ausschlüssen. Anfang des Jahres 1929 mussten schätzungsweise 6.000 oppositionelle Genossen ihr Parteibuch abgeben,[167] bereits am 21. Dezember 1928 war der Thüringer Bezirksleiter Hans Tittel ausgeschlossen worden. Es folgten zur Jahreswende 1928/1929 die Absetzung der gesamten Bezirksleitung und Anfang 1929 die Umbildung sämtlicher Unterbezirksleitungen. In Weimar und Greiz wurden ganze Ortsgruppen ausgeschlossen sowie die Neuwahl der Leitungsgremien des Rotfrontkämpferbundes und der Roten Hilfe erzwungen.[168] In der Erfurter Partei schwelte der Konflikt bereits über Jahre. Schon 1925 hatte die Politische Polizei beobachtet, dass „sich innerhalb der hiesigen Ortsgruppe eine Gruppe gebildet“ hatte, die „die Brandler’sche Richtung verfolgt“. Bereits damals kam sie zu dem Urteil, dass „eine Spaltung der K.P.D. nicht ausgeschlossen“

166 StadtA Erfurt, 1-2/005-28, Bl. 412.

167 Marcel Bois: Kommunisten gegen Hitler und Stalin, Hamm 2016, S. 366f.

168 Kachel: Ein rot-roter Sonderweg?, S. 195ff.

sei, sollte „diese Gruppe noch mehr Anhänger gewinnen.“[169]

Am 2. Mai 1929 teilte der kommunistische Stadtverordnete Hermann Jahn für seine Fraktion der Erfurter Stadtverordnetenversammlung mit, dass Antonie Fischer aus der Partei ausgeschlossen worden sei und deshalb nicht mehr der Fraktion der KPD angehöre.[170] Einen Tag später erklärten die fünf Fraktionsmitglieder Hermann Vogler, August Flache, Hermann Weidemüller, Fritz Jordan und Otto Walther, dass sie den Ausschluss von Antonie Fischer für nichtig erachten und weiter mit ihr zusammenarbeiten würden. Sie würden ihren „Kampf gegen den verderblichen politischen Kurs der Thälmann-Führung“ mittragen und „für eine dem Verständnis und den Bedürfnissen der breiten Massen angepasste richtige kommunistische Politik“ eintreten. Dies entspreche ihrem Ziel, „die Arbeitermassen von der Sozialdemokratie und von der Bourgeoise zu lösen“ und „für die kommunistische Partei und damit für die Revolution zu gewinnen.“[171] Als der Konflikt unter den Kommunisten am 5. Mai 1929 der Stadtverordnetenversammlung vorgetragen wurde, hält das Protokoll lediglich fest, dass die internen Vorgänge der Fraktion die Versammlung „nicht interessieren“. Allerdings werde zur Kenntnis genommen, „dass die kommunistische Fraktion nicht mehr eine einheitliche ist.“[172]

Die Erklärung der oppositionellen KPD-Stadtverordneten erschien, von allen sechs unterschrieben, unter der Überschrift „Die Spaltung der Erfurter Stadtverordnetenfraktion“ am 18. Mai in der reichsweiten Zeitung der KPO „Gegen den Strom“.[173] Ende Mai schließlich bildeten die fünf Männer und eine Frau die „Kommunistische Fraktion (Opposition)“ in der Stadtverordnetenversammlung.[174] Den Fraktionsvorsitz der auf vier Mitglieder geschrumpften KPD übernahm Paul Schäfer,

169 StadtA Erfurt 1-2/154/2, Bd. 2, Bl. 54.

170 StadtA Erfurt, 1-2/005-4, Bl. 440.

171 Ebenda, Bl. 441.

172 Ebenda, Bl. 442.

173 Gegen den Strom. Organ der KPD (Opposition), 18. Mai 1929/20, S. 13.

174 StadtA Erfurt, 1-2/005-4, Bl. 443.

der sich der neuen Linie der Zentrale widerstandslos fügte. Auch unter den Parteimitgliedern verfügte die Opposition über Rückhalt. Nach eigenen Angaben kamen zu einem Vortrag von Heinrich Brandler am 29. August 1929 „über 100 Genossen und Genossinnen".[175] Die Größe der Erfurter Ortsgruppe der KPO in dieser Zeit ist allerdings nicht bekannt. Sicher ist jedoch, dass ihre bescheidenen Organisationstrukturen dem republikweiten und von der Komintern unterstützten Apparat der KPD unterlegen waren.

Die Kommunalwahlen im November 1929 bedeuteten einen harschen Einschnitt, denn die Liste des Antisemiten Adolf Schmalix und seiner „Großdeutschen Freiheitsbewegung" konnte die meisten Stimmen erringen, knapp vor der SPD. Die „Thüringer Allgemeine Zeitung" titelte am 18. November: „Erfurt begeht moralischen Selbstmord". Für die KPD war die Wahl ein herber Rückschlag: Sie wurde mit nur 7.553 Stimmen lediglich drittstärkste Kraft, die SPD konnte 2.500 Stimmen mehr auf sich vereinigen und löste die KPD als stärkste Arbeiterpartei ab. Ohne nennenswerten Erfolg blieb dagegen die Kommunistische Opposition mit 704 Stimmen.[176] Im Ergebnis bedeuteten die Verunsicherung und Spaltung der vergangenen Monate einen immensen Verlust an Einfluss und Wählerstimmen im kommunistischen Milieu.

Derweil war Paul Schäfer als leitender Redakteur für Lokales und Arbeitersport der KPD-Zeitung „Rotes Echo" ins Fadenkreuz polizeilicher Ermittlungen geraten. Am 27. Dezember 1929 erschien im Lokalteil ein Artikel mit dem Titel: „O, du fröhliche, gnadenbringende ... – Für die Erwerbslosen, für die Notleidenden ist kein Geld da!" Er schloss mit dem Aufruf, „dieses System der Bereicherung der Wenigen und der Verelendung der großen Massen so bald wie möglich zu stürzen". Ziel müsse sein, „ein Sowjet-Deutschland zu schaffen, das an die

175 Gegen den Strom, 7. September 1929/36, S. 15.

176 Thüringer Allgemeine Zeitung, 18. November 1929.

Stelle der kapitalistischen Profitwirtschaft den Sozialismus unter der Diktatur des Proletariats aufbaut!“[177]

Das Polizeipräsidium Erfurt sah den Straftatbestand zum Aufruf bzw. der Vorbereitung zum Hochverrat erfüllt und erstattete tags darauf Anzeige entsprechend §§ 85 und 86 StGB gegen Paul Schäfer. In der Anzeige wurde betont: „Er gilt als überzeugter Kommunist.“[178] Bei Druckschriften wurden nicht nur die Autoren der Texte, sondern auch die Redakteure, Drucker, Verleger und Händler für die Inhalte belangt. Deshalb konnte Paul Schäfer nach § 85 als Mittäter am Hochverrat strafrechtlich verfolgt werden, obwohl er den Artikel nicht persönlich verfasst hatte. § 86 wiederum machte es möglich, allgemeine revolutionäre Äußerungen zu belangen, ohne auf einen konkreten Umsturzplan zu verweisen.[179] Der Prozessakte ist kein Urteil zu entnehmen. Vermutlich steht eine „Geldstrafe in Höhe von 200-300 Mark“, die Paul Schäfer 1929 nach eigenen Angaben als „Mitglied der Redaktion der kommunistischen Zeitung ‚Das Rote Echo‘ in Erfurt wegen antireligiöser Propaganda“ auferledigt wurde, in diesem Zusammenhang. Damals habe die Zeitungsredaktion die Strafe bezahlt, so Schäfer.[180]

Die von Paul Schäfer mitgetragene ultralinke Politik der KPD unter Ernst Thälmann sorgte im neuen Jahr für einen weiteren Abgang aus der kommunistischen Stadtratsfraktion. Ein Abgeordneter wechselte von der KPD-Fraktion zur SPD.[181] Für Paul Schäfer, der jede strategische Wendung der Parteiführung mittrug, wirkte sich der neue Kurs auch auf seine Gewerkschaftsarbeit aus. Nach 20 Jahren Mitgliedschaft im Zentralverband der Schuhmacher wurde Paul Schäfer

---

177 Das Rote Echo, Organ der Kommunistischen Partei Deutschlands (Sektion der III. Internationale), 27. Dezember 1929.

178 BArch-SAPMO, R 3003/14aJ 10/30, Bl. 6r.

179 Klaus Petersen: Zensur in der Weimarer Republik, Stuttgart/Weimar 1995, S. 71f.

180 GARF, f. 10035, op. 2, d. 3232, Strafakte Paul Schäfer, l. 11.

181 StadtA Erfurt, 1-2/005-5, Bl. 56.

1930 als kommunistischer Fraktionsleiter aus dem Schuhmacherverband ausgeschlossen und war nun weiter in der Revolutionären Gewerkschafts-Opposition (RGO) aktiv.[182] Die RGO war seit dem Richtungsschwenk der Kommunistischen Internationalen 1928 als deren Gewerkschaftsarm aufgetreten und verfolgte zunächst eine Oppositionspolitik innerhalb der freien Gewerkschaften, dann ab 1930 eine Spaltungspolitik. Organisatorisch blieb die RGO überwiegend ohne Einfluss, was jedoch durch äußerst rege propagandistische Arbeit kompensiert wurde. Sie war, wie der Historiker Werner Müller resümiert, „vor allem ein militantes Kampfinstrument für eine bolschewistische Revolution – gegen die Freien Gewerkschaften und in zweiter Linie gegen die SPD."[183]

Anfang des Jahres 1931 traten die Arbeiter der Berlin-Erfurter Maschinenfabrik Henry Pels & Co. im Stadtteil Ilversgehofen gegen geplante Lohnkürzungen in den Streik. Zu Beginn unterstützte der Deutsche Metallarbeiter-Verband den Streik, federführend war jedoch die RGO. Die KPD förderte den Streik nach Kräften, mobilisierte mehrere Hundert Erwerbslose zur Unterstützung der Streikposten und warb in ihrer Presse für Solidarität.[184] Als am 13. Januar Streikbrecher die Arbeit unter Polizeischutz wieder aufnahmen, kam es zu gewalttätigen Auseinandersetzungen, bei denen ein Arbeiter erschossen und mehrere verletzt wurden.[185]

Vor dem Hintergrund der Arbeiterunruhen trat am 16. Januar 1931 eine außerordentliche Stadtverordnetenversammlung zusammen. Das war erst möglich geworden, nachdem die kommunistische Fraktion von Paul Schäfer den Antrag der Großdeutschen Fraktion von Adolf Schmalix auf Einberufung unterstützte.[186] Jedoch hielt das Protokoll fest, dass es sich

182 RGASPI, f. 495, op. 205, d. 7385, Kaderakte Paul Schäfer, l. 22.

183 Werner Müller: Revolutionäre Gewerkschafts-Opposition, in: Lexikon des Sozialismus, Köln 1986, S. 533.

184 Thüringer Volksblatt, 9. Januar 1931; 14. Januar 1931.

185 Kurt Ludwig: Der Kampf der Erfurter Arbeiter gegen den Faschismus 1931 bis 1932, Erfurt 1957, S. 39–51.

186 StadtA Erfurt, 1-2/005-5, Bl. 214.

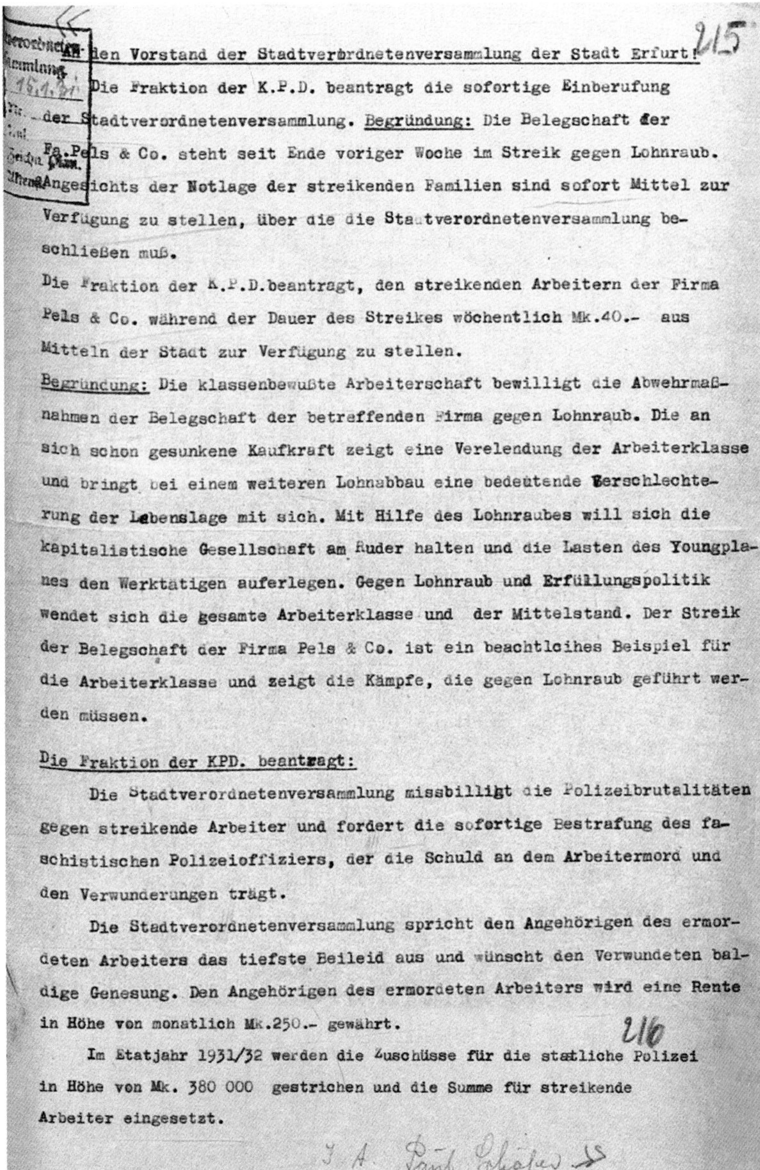

215

An den Vorstand der Stadtverordnetenversammlung der Stadt Erfurt!

Die Fraktion der K.P.D. beantragt die sofortige Einberufung der Stadtverordnetenversammlung. Begründung: Die Belegschaft der Fa.Pels & Co. steht seit Ende voriger Woche im Streik gegen Lohnraub. Angesichts der Notlage der streikenden Familien sind sofort Mittel zur Verfügung zu stellen, über die die Stadtverordnetenversammlung beschließen muß.

Die Fraktion der K.P.D.beantragt, den streikenden Arbeitern der Firma Pels & Co. während der Dauer des Streikes wöchentlich Mk.40.- aus Mitteln der Stadt zur Verfügung zu stellen.

Begründung: Die klassenbewußte Arbeiterschaft bewilligt die Abwehrmaßnahmen der Belegschaft der betreffenden Firma gegen Lohnraub. Die an sich schon gesunkene Kaufkraft zeigt eine Verelendung der Arbeiterklasse und bringt bei einem weiteren Lohnabbau eine bedeutende Verschlechterung der Lebenslage mit sich. Mit Hilfe des Lohnraubes will sich die kapitalistische Gesellschaft am Ruder halten und die Lasten des Youngplanes den Werktätigen auferlegen. Gegen Lohnraub und Erfüllungspolitik wendet sich die gesamte Arbeiterklasse und der Mittelstand. Der Streik der Belegschaft der Firma Pels & Co. ist ein beachtlcihes Beispiel für die Arbeiterklasse und zeigt die Kämpfe, die gegen Lohnraub geführt werden müssen.

Die Fraktion der KPD. beantragt:

Die Stadtverordnetenversammlung missbilligt die Polizeibrutalitäten gegen streikende Arbeiter und fordert die sofortige Bestrafung des faschistischen Polizeioffiziers, der die Schuld an dem Arbeitermord und den Verwunderungen trägt.

Die Stadtverordnetenversammlung spricht den Angehörigen des ermordeten Arbeiters das tiefste Beileid aus und wünscht den Verwundeten baldige Genesung. Den Angehörigen des ermordeten Arbeiters wird eine Rente in Höhe von monatlich Mk.250.- gewährt.

216

Im Etatjahr 1931/32 werden die Zuschüsse für die statliche Polizei in Höhe von Mk. 380 000 gestrichen und die Summe für streikende Arbeiter eingesetzt.

I. A. Paul Schäfer

StadtA Erfurt

Stadtverordnetenantrag der KPD zur Solidarität mit den streikenden Pels-Arbeitern, unterzeichnet von Paul Schäfer

bei den Anträgen der beiden Fraktionen inhaltlich um Forderungen von „sich widersprechende[r] Tendenz“[187] handelte. In der Tat forderten die Großdeutschen ein intensives Vorgehen gegen die streikenden Arbeiter, wohingegen der Antrag von Paul Schäfer „die sofortige Bestrafung des faschistischen Polizeioffiziers, der die Schuld an dem Arbeitermord und den Verwundeten trägt“, verlangte. Darüber hinaus forderte er im Namen seiner Fraktion für die Streikenden eine wöchentliche Unterstützung von 40 Reichsmark sowie die Umwidmung der städtischen Zuschüsse für die Polizei, die im Haushaltjahr 1931/32 380.000 Reichsmark betrugen, in Zahlungen an die streikenden Arbeiter.[188] Beschlossen wurde keiner der Anträge. Die Stadtverordnetenversammlung trat zwar zusammen, doch sie bestätigte die Dringlichkeit der Sitzung nicht, sondern löste sich gleich wieder auf.

Der Streik in der Berlin-Erfurter Maschinenfabrik Henry Pels & Co. endete mit einer Niederlage der Arbeiter. Am 21. Januar 1931 wurde die Arbeit wieder aufgenommen, ohne dass die Lohnkürzungen abgewehrt werden konnten.[189]

---

187 Ebenda, Bl. 219.

188 Ebenda, Bl. 215f.

189 Ludwig: Kampf der Erfurter Arbeiter, S. 39–51.

Arbeiterdelegierter in der Sowjetunion

Vom 14. Juli bis 28. August 1925 reiste erstmals eine Delegation von 58 deutschen Arbeitern in die Sowjetunion. Eingeladen hatte der Sowjetische Zentralrat der Gewerkschaften, die Organisation in Deutschland lag in den Händen der Internationalen Arbeiterhilfe. Die von großer Öffentlichkeit begleitete Aktion sollte in der deutschen Arbeiterschaft, insbesondere unter den Sozialdemokraten, das Bild der Sowjetunion verbessern. Der Reisebericht erschien Ende 1925 unter dem Titel „Was sahen 58 deutsche Arbeiter in Russland?“ im Neuen Deutschen Verlag von Willi Münzenberg mit 100.000 Exemplaren in der ersten Auflage.[190]

Stadtmuseum Erfurt

Paul Schäfer und Karl Horn (2. v. l. und 2. v. r. sitzend) als Gäste beim Zentralverband der Lederarbeiter in Moskau, 1925

190 Einheitskomitee für Arbeiterdelegationen (Hrsg.): Was sahen 58 deutsche Arbeiter in Rußland? Bericht der ersten deutschen Arbeiter-Delegation über ihren Aufenthalt in Rußland vom 14. Juli bis 28. August 1925, Berlin 1925.

Die Delegation bestand neben 16 Kommunisten aus 30 Sozialdemokraten und 12 Parteilosen. Es handelte sich ausschließlich um Männer.[191] Die Leitung lag in den Händen des Münchner Möbeltischlers, Betriebsrats und Funktionärs des Deutschen Holzarbeiter-Verbands Xaver Freiberger. Freiberger war seit 1903 Sozialdemokrat, wurde aufgrund seiner Rolle in der Delegation 1926 aus der SPD ausgeschlossen und trat 1929 in die KPD ein.[192]

Aus Erfurt wurden Karl Horn (SPD) und Paul Schäfer (KPD) vom Schuhmacherverband als Delegierte gewählt. Beide arbeiteten schon lange im Betriebsrat des Lingel-Konzerns zusammen. Für ihre Anreise wurden Spenden unter den Arbeitern gesammelt.[193]

Die in Erfurt erscheinende KPD-Zeitung „Das Rote Echo" berichtete am 9. Juli 1925 auf ihrer Titelseite über den Aufbruch am Erfurter Hauptbahnhof:

„Gestern abend wurden die beiden, vom Schuhmacherverband gewählten Delegierten Horn (SPD) und Schäfer (KPD) von etwa 200 Roten Frontkämpfern zum Bahnhof geleitet. Der Volkschor sang in der Bürgermeister-Wagner-Straße den abfahrenden Delegierten ein revolutionäres Lied zum Geleit. Genosse Möckel vom Schuhmacherverband hielt eine kurze Rede über die Bedeutung der Arbeiterdelegation. Er wurde von der Polizei gehindert, seine Ausführungen zu Ende zu führen. Die Polizei hatte auch jede Kundgebung am Bahnhof verboten. Gleichfalls verbot sie einen geschlossenen Rückmarsch der Roten Frontkämpfer. Der sozialdemokratische Delegierte

---

191 Matthias Heeke: Reisen zu den Sowjets. Der ausländische Tourismus in Rußland 1921–1941. Mit einem bio-bibliographischen Anhang zu 96 deutschen Reiseautoren, Berlin/Münster/Wien/Zürich/London 2003, S. 84; Einheitskomitee (Hrsg.): Was sahen 58 deutsche Arbeiter ...?, S. 8f.

192 Einheitskomitee (Hrsg.): Was sahen 58 deutsche Arbeiter ...?, S. 8f.; Nikolaus Brauns: Rote Hilfe Deutschland, in: https://www.historisches-lexikon-bayerns.de/Lexikon/Rote_Hilfe_Deutschland [Zugriff 7. Februar 2019].

193 Das Rote Echo, 31. Juli 1925.

erhielt somit bei seiner Abfahrt nach Sowjetrußland noch einen letzten „Gruß" vom Polizeisystem Severings."[194]

Die sozialdemokratische „Tribüne" hingegen kritisierte die Delegation grundsätzlich und schrieb eine Woche nach der Abreise unter der Überschrift „Grundsätzliches zum kommunistischen Delegationsrummel":

„Mit dem üblichen Reklamerummel für die KPD ist kürzlich auch in Erfurt die Entsendung einer Arbeiterdelegation nach Rußland vor sich gegangen. Massendelegationen nach Rußland, zusammengetrommelt aus ganz Deutschland, heißt nämlich jetzt eine der neuesten kommunistischen Parolen, mit denen harmlose Gemüter eingefangen werden. [...] Das Unglück ist – und dies unterscheidet sie von allen rein wissenschaftlichen Expeditionen –, daß sie sofort nach Ankunft auf ihrem Forschungsgebiete in die Hände interessierter Personen geraten, in die Hände einer Organisation, die kein Hehl daraus macht, daß sie den Delegationen ganz bestimmte verherrlichende Ziele setzt, und daß sie zu diesem Zweck alle möglichen Ausgaben trägt, einen ungeheuren staatlichen Apparat in Bewegung setzt, eine besondere Literatur ins Leben ruft, spezielle Volksversammlungen einberuft, Straßenmanifestationen inszeniert und sonstiges mehr. [...] Solange in Rußland kein freies öffentliches Leben existiert, kann deshalb die ganze Methode der Delegationen keine wesentlichen Ergebnisse zeitigen. Mitunter führen sie zu entgegengesetzten Resultaten und sind direkt schädlich. [...] Denn solange die geschilderten Uebelstände bestehen und solange die Sowjetregierung bestrebt ist, alle ihr unbequemen Elemente von den Delegationen fernzuhalten und so einen bestimmenden Einfluß auf ihre Zusammensetzung auszuüben, laufen die ‚Expeditionen nach Rußland' nur auf einen Reklamerummel für die Kommunisten hinaus, für den die sozialdemokratischen Teilnehmer lediglich eine vorteilhafte Kulisse bilden sollen."[195]

---

194 Das Rote Echo, 9. Juli 1925. Der Sozialdemokrat Carl Severing war von 1920 bis 1926 preußischer Innenminister.

195 Tribüne, Organ der Sozialdemokratischen Partei für den Regierungs-Bezirk Erfurt und das Land Thüringen, 17. Juli 1925.

Geschichte der Stadt Erfurt, hg. im Auftrag des Rates der Stadt Erfurt von Willibald Gutsche, Weimar 1986

Ankunft der Delegation in Moskau. Paul Schäfer vorne rechts mit Fahne, 1925

Gegen diese Vorwürfe der Inszenierung, Manipulation und Instrumentalisierung der Delegation argumentierten ihre Teilnehmer immer wieder in ihren Stellungnahmen. Am 10. Juli startete die gesamte Delegation geschlossen von Berlin aus in Richtung Stettin. Von dort reisten sie mit dem Schiff weiter nach Leningrad, das sie am 14. Juli erreichten.[196] In einem im „Roten Echo" veröffentlichten Reisebericht schrieb Paul Schäfer über diese erste Etappe:

„Schon in Kronstadt empfingen uns die Berichterstatter und Photographen der Leningrader Zeitungen. Abteilungen der roten Flotte auf kleinen Kreuzern und schweren Linienschiffen begrüßten uns mit roten Fahnen und roten Tüchern. Im Hafen von Leningrad, wo unser Dampfer anlegte, waren die Menschen, die sich zu unserer Begrüßung eingefunden hatten, nicht zu zählen. Die Arbeiter der Putilowwerke waren mit zwei Musikkapellen aufmarschiert und spielten zum Empfang die ‚Internationale', in welche wir als Ankom-

196 Einheitskomitee (Hrsg.): Was sahen 58 deutsche Arbeiter ...?, S. 15.

mende begeistert einstimmten. Auf allen Regierungsgebäuden wehten die roten Fahnen. Der Betriebsrat und der rote Direktor von den Putilowwerken begrüßte uns in einer Ansprache, in der sie besonders darauf hinwiesen, daß uns als deutsche Arbeiterdelegation keine Beschränkungen noch Bevormundungen auferlegt werden, -- sondern wir uns im Gegensatz zu den ‚Vorwärtslügen' vollständig frei bewegen könnten. [...] Gewaltig ist schon das, was wir allein schon in Leningrad gesehen haben. Niemand wird in uns allen je die Eindrücke verwischen können. Hier auf dem Boden der russischen Arbeiter und Bauern haben wir erst ganz die ungeheure Kraft der internationalen Arbeiterklasse erkennen gelernt."[197]
In einer Notiz am Ende von Paul Schäfers Bericht wies die Redaktion des „Roten Echo" explizit darauf hin, dass auch „der Genosse Horn - Erfurt (SPD) stark begeistert ist. Die Genossen befinden sich zurzeit in Georgien, um auch dort die Dinge zu sehen wie sie sind und nicht wie die ‚Tribüne' geschildert hat."[198]

Stadtmuseum Erfurt

Begrüßung der Delegation auf dem Bahnhofsvorplatz in Moskau, 1925

---

197 Das Rote Echo, 31. Juli 1925.

198 Ebenda.

Die Mitglieder der deutschen Arbeiterdelegation erlebten tatsächlich eine groß angelegte Willkommenskultur. Dazu zählten Massendemonstrationen in Leningrad, Moskau und anderen Städten, Treffen mit bedeutenden sowjetischen Führungspersönlichkeiten, darunter Lew Kamenew und Leo Trotzki,[199] Kontakte mit führenden Gewerkschaftsfunktionären und vielfältige Besuche in Fabriken, Gefängnissen, Krankenhäusern, Kinderheimen und Universitäten. Diese Kombination wird den 31-jährigen Arbeiter und Stadtverordneten Paul Schäfer für sein weiteres Leben geprägt haben. Er erlebte sich nun als Teil einer großen, ja „ungeheuren Kraft der internationalen Arbeiterklasse" und verband diese Bewegung unauflöslich mit der Sowjetunion, wie seine Worte zeigen.

In Moskau teilte sich die Delegation in drei Gruppen auf, die am 25. Juli 1925 in den Kaukasus, auf die Krim und an den Ural reisten. Zur letzten Gruppe von 18 Arbeitern, die den weitesten Weg hatte, gehörte Paul Schäfer.[200] Sie legten über 5.000 Kilometer mit dem Zug zurück.[201]

In Perm, dem „Tor in den Ural und nach Sibirien", das 1.150 km Luftlinie von Moskau entfernt liegt, wurde die Gruppe von einer Arbeiterdemonstration und dem Vorsitzenden der Uralgewerkschaften begrüßt und besuchte dann mehrere Fabriken sowie ein Gefängnis. Von den 45 dort Inhaftierten warteten 44 auf ihren Weitertransport nach Sibirien. Über die 28 politischen Gefangenen heißt es, mit deutlichem intellektuellenfeindlichen Duktus, im Reisebericht:

„Uns interessierte besonders, ob unter den politischen Gefangenen Menschewiki (Sozialdemokraten) waren, was

199 Lew Kamenew war Mitglied von Zentralkomitee und Politbüro der Kommunistischen Partei Russlands (Bolschewiki). Er wurde im Zuge der stalinistischen Säuberungen im ersten Schauprozess 1936 zum Tode verurteilt und hingerichtet. Auffällig ist das Zusammentreffen mit Leo Trotzki, nach Lenin dem wichtigsten Führer und Organisator der russischen Revolution. Er war nach Lenins Tod von Stalin bereits vom Zentrum der Macht verdrängt worden. 1940 wurde er von einem sowjetischen Agenten im Exil in Mexiko im Auftrag Stalins ermordet.

200 Einheitskomitee (Hrsg.): Was sahen 58 deutsche Arbeiter ...?, S. 8f., Karte im Anhang.

201 Ebenda, S. 94.

nicht der Fall war. Wir stellten fest, daß unter den politischen Gefangenen ein General, ein Professor, ein Bibliothekar aus dem Zarenschloß, verschiedene Schriftsteller und noch andere Intellektuelle waren [...] Alle sprachen deutsch, und wir konnten ohne jede Aufsicht mit den Leuten sprechen. Sie erklärten uns, daß sie als Konterrevolutionäre auf drei Jahre nach Sibirien geschickt würden, um sich dort nicht im Gefängnis, sondern an einem bestimmten Ort aufzuhalten, wo sie einer produktiven Beschäftigung nachgehen können. Nach Aussagen der Gefangenen war die Behandlung und das Essen ausreichend und gut. Wöchentlich zweimal durften sie von Angehörigen Pakete erhalten, können täglich schreiben, Zeitungen und Bücher stehen ihnen zur Verfügung. Einzelhaft gibt es nicht."[202]

Über die Begegnung mit politischen Gefangenen wurde mehrfach berichtet. Damit sollte gezeigt werden, dass dieses Thema bei der Delegationsreise nicht ausgespart wurde. Gleichzeitig signalisierte der Tenor der Berichte Verständnis für die Repressionen. Über 22 politische Gefangenen, die in Swerdlowsk, der Hauptstadt des Ural, auf ihren Transport „nach ihrem Verbannungsort" warten mussten, heißt es:

„Unter diesen waren 15 junge Leute jüdischen Glaubens. Als Grund ihrer Verhaftung gaben sie an, Mitglieder eines zionistischen Klubs gewesen zu sein. In diesem Klub agierten sie für die Gründung einer zionistischen Zeitschrift und suchten auch für ihre Ideen durch Verbreitung von Flugschriften Anhänger zu gewinnen. Ebenfalls traten sie für die Gründung eines jüdischen Reiches in Palästina ein. Nach ihren Angaben wurde ihnen die Einreise nach Palästina verweigert. Sie waren seit neun Monaten verhaftet und wurden auf drei Jahre nach Sibirien verschickt. Von den übrigen sieben Gefangenen bekannten sich drei als Sozialdemokraten und einer als Anarchist. Ueber die Ursachen ihrer Verhaftung verweigerten sie nähere Auskunft, mit der Motivierung, sie hätten zu uns

202 Ebenda, S. 101.

kein Vertrauen, weil wir Gäste der Sowjet-Regierung seien, mit dem Auto ankamen und mit Extra-Zug im Lande herumfahren, während sie im Gefängnis sitzen. Man kann ohne weiteres annehmen, daß jemand, der sich schuldig fühlt, sich nicht selbst belastet. Wer nichts Strafbares begangen hat, kann die Wahrheit jedermann mitteilen."[203]

Einerseits hatten deutsche linke Aktivisten wie Paul Schäfer selbst staatliche Repression erlebt. Andererseits waren sie taub für die eigentlich verständliche Argumentation der politischen Gefangenen, sie könnten den privilegierten Gästen der sie verfolgenden Staatsmacht nicht vertrauen. Die Hoffnung, die die Delegationsteilnehmer hinsichtlich der Befreiung des Proletariats mit der Sowjetunion verbanden, ließ sie blind werden angesichts der Entrechtung von Juden, Sozialdemokraten und Anarchisten.

Auf ihrer Rückreise nach Moskau machte die Uraldelegation im Gebiet der Wolgadeutschen Station. Dort wurde die schwere Hungersnot, die 1921 zur Gründung der Internationalen Arbeiterhilfe führte, als Beleg für die Isolation der jungen Sowjetunion und die Notwendigkeit, eigene internationale Organisationen aufzubauen, thematisiert:

„Von den Bauern und Arbeitern wurde uns weiter berichtet, daß sie zur Zeit der Hungersnot in ihrer schweren Lage außer der tatkräftigen Unterstützung der Internationalen Arbeiterhilfe keinerlei Unterstützung von dem bürgerlichen Deutschland erhalten haben."[204]

Von Moskau ging es wieder zurück nach Leningrad zu einer Abschiedskundgebung mit dem gesamten Leningrader Sowjet, Gewerkschafts- und Parteifunktionären sowie Vertretern der Abgesandten der Roten Armee und der Flotte. Dort trug der Leiter der deutschen Delegation Xaver Freiberger eine von allen Delegationsteilnehmern unterzeichnete Erklärung vor,

203 Einheitskomitee (Hrsg.): Was sahen 58 deutsche Arbeiter ...?, S. 110.

204 Ebenda, S. 121f.

die die sozialdemokratischen Vorwürfe erneut zurückwies und die Reise als großen Erfolg wertete:

„Wir haben Rußland sechs Wochen lang in seinen wichtigsten industriellen und wirtschaftlichen Gebieten durchreist und dabei das Ziel unserer Reise selbst bestimmt. Es gab nichts, worüber uns nicht bewilligst Auskunft erteilt worden wäre. [...] Die entscheidende und für die deutsche Arbeiterklasse wichtigste Frage war: Ist Sowjetrußland wirklich ein Staat, in welchem die Prinzipien von Marx und Engels in die Tat umgesetzt sind; hat die Arbeiterklasse wirklich die Macht in den Händen; oder übt eine kleine Clique eine Diktatur über ein Millionenvolk aus? Die Delegation ist nach sehr gründlichem, oft 16stündigem Studium am Tage, trotz der verschiedenen Parteizugehörigkeit der einzelnen Delegierten, zu der einmütigen Auffassung gekommen, daß die deutsche Arbeiterklasse von Rußland ein absolut falsches Bild hat, daß sich Rußland tatsächlich auf dem Wege befindet, das Ziel unserer Altväter des Sozialismus zu verwirklichen, daß die Arbeiterklasse wirklich die Macht in den Händen hat, und daß sie politisch die freieste Arbeiterklasse der ganzen Welt ist, und daß sich der Wirtschaftsaufbau unter Anteilnahme breiter Arbeitermassen in der Richtung zum Sozialismus vollzieht. Die so viel gehaßte Diktatur des Proletariats ist in Wirklichkeit eine wahre Arbeiterdemokratie, die sich sehr wohltuend von den sogenannten Demokratien der Westländer abhebt."[205]

Nach seiner Rückkehr konnte Karl Horn nicht an seinen Arbeitsplatz zurückkehren, er war während seiner Abwesenheit vom Lingel-Konzern entlassen worden und danach zwei Jahre arbeitslos. Paul Schäfer war bereits vor der Reise gekündigt worden, nach Angaben seiner Frau „aufgrund seiner politischen Einstellung."

Beide berichteten nun auf zahlreichen Versammlungen uneingeschränkt positiv, wie die KPD-Zeitung „Das Rote Echo" berichten konnte. Den ersten Bericht hielten sie auf einer

---

205 Ebenda, S. 121f.

„zahlreich besuchten Versammlung der Erfurter Mitglieder des Schuhmacherverbandes". Im Anschluss hielt die Versammlung in einer Erklärung fest,

„daß nach den Ausführungen der beiden Kollegen in Rußland die Arbeiterschaft die Staatsgewalt fest und unerschütterlich in der Hand hat und im Interesse der Arbeiter und Bauern angewandt wird. Die Versammlung gelobt sich, alles einzusetzen, um die Lügen und Hetzkampagne gegen Sowjet-Rußland zu unterbinden und zu bekämpfen. Die Versammlung sendet den russischen Arbeitsbrüdern die herzlichsten Grüße und dankt besonders den russischen Klassengenossen des Lederarbeiterverbandes in Moskau für die Uebersendung einer Fahne an die Erfurter Schumacher. [...] Die Versammlung fordert vom ADGB, als auch von dem Hauptvorstand des Deutschen Schuhmacherverbandes in Nürnberg, daß alle Schritte gefördert werden, um, ähnlich wie es bereits in England geschehen ist, die Herstellung der internationalen gewerkschaftlichen Einheit zu verwirklichen."[206]

Auch vor den Mitgliedern des Gemeinde- und Staatsarbeiterverbandes, Filiale Erfurt, hielt Paul Schäfer einen Vortrag, wie das „Rote Echo" am 30. September 1925 berichtete. In seiner Rede verband Paul Schäfer seine Erfahrungen aus dem Ersten Weltkrieg mit einem dringenden Appell und betonte,

„wenn es die deutsche Arbeiterschaft nicht bald versteht, ein Bündnis mit Sowjetrußland und gleichzeitig eine Verständigung der Amsterdamer Internationale und der Roten Gewerkschafts-Internationale zustande zu bringen, wir bald ein zweites und noch viel furchtbareres 1914 erleben würden. Schon rüsten alle kapitalistischen Raubstaaten gegen Rußland, um es niederzuschlagen [...] Deutschland soll zum Aufmarschgebiet werden und der deutsche Prolet soll das Kanonenfutter abgeben."[207]

206 Das Rote Echo, 14. September 1925.

207 Das Rote Echo, 30. September 1925.

Tatsächlich zählte die Spaltung der Arbeiterbewegung zu einer der Voraussetzungen des 1939 von den Nationalsozialisten begonnenen Zweiten Weltkrieges. Denn sie verhinderte in Deutschland einen erfolgreichen gemeinsamen Abwehrkampf von KPD und SPD gegen die nationalsozialistische Diktatur. Im Krieg fielen über fünf Millionen deutsche Soldaten, darunter auch zwei Söhne von Paul Schäfer. Insgesamt starben weltweit bis zu 80 Millionen Menschen durch Kriegshandlungen und ihre Folgen sowie durch die nationalsozialistischen Massenverbrechen. Durch den Völkermord an den europäischen Jüdinnen und Juden verloren rund sechs Millionen Menschen ihr Leben. Dem Vernichtungsprogramm gegen die Sinti und Roma fielen bis zu 500.000 Menschen zum Opfer.

Sekretär der Internationalen Arbeiterhilfe

Seine neue Anstellung fand Paul Schäfer bei der Internationalen Arbeiterhilfe (IAH). Die IAH formierte sich 1921 auf Betreiben Lenins. Anlass war eine massive Hungersnot in der jungen Sowjetunion, die in Folge von Missernten und Bürgerkrieg entstanden war und schätzungsweise 30 Millionen Menschen betraf. Hunger und Hungerrevolten führten zu Destabilisierung und blutigen Auseinandersetzungen zwischen Aufständischen und bolschewistischer Staatsmacht.[208] Ziel der IAH war es, die proletarischen Hilfsleistungen aus dem Ausland zu koordinieren. Notwendig war dies, weil viele Staaten des Völkerbundes eine direkte Unterstützung der Sowjetunion ablehnten. Sie wollten die Anerkennung des bolschewistischen Regimes, die eine solche Hilfe bedeutet hätte, vermeiden.

Mit dem Aufbau dieser Organisation war der Erfurter Willi Münzenberg von Lenin persönlich beauftragt worden. Münzenberg hatte Lenin im Exil in Zürich kennengelernt, wo während des Ersten Weltkriegs Linke und Pazifisten Zuflucht fanden. Ende 1919 hatte Münzenberg den Vorsitz der neu gegründeten Kommunistischen Jugendinternationale übernommen, war aber von dieser Funktion wieder verdrängt worden. Mit dem Auftrag von Lenin agierte er nun wieder im Sinne der Komintern, hatte aber gleichzeitig eine Sonderstellung, die ihm eine gewisse Autonomie ermöglichte. Außerdem gelang es ihm rasch, die Unterstützung von Prominenten wie Käthe Kollwitz oder Albert Einstein zu gewinnen. Auf dem Jenaer Parteitag der KPD im August 1921 verschaffte sich Münzenberg die Zusicherung, den Parteiapparat für seine Arbeit nutzen zu können. Babette Gross resümierte, dass damit „dieses von Lenin inspirierte, auf Sonderstatuts beruhende Unternehmen auch den offiziellen Segen der deutschen Partei erhalten“ hatte.[209]

---

208 Altrichter: Kleine Geschichte der Sowjetunion, S. 50f.

209 Babette Gross: Willi Münzenberg. Eine politische Biographie, Stuttgart 1967, S. 131.

Aus dem anfänglichen Zweck der IAH, die Hungersnot in der Sowjetunion zu bekämpfen, machte Münzenberg eine allgemeine Sozialorganisation der kommunistischen Arbeiterbewegung, die als weltweites Solidaritätsnetzwerk agierte. Im deutschen Hungerwinter 1923 halft die IAH auch hier. Sie unterstützte Arbeiterfamilien in Not und organisierte Kinderbetreuung. Allerdings war die IAH in den ersten Jahren ihres Bestehens in Deutschland verhältnismäßig unbedeutend. Obwohl ihre enge Verbindung zur KPD offensichtlich war, wurde sie 1923/24 nicht mit der Partei zusammen verboten, sondern konnte legal fortbestehen.[210] In Erfurt fanden sich auf der ersten Versammlung Anfang 1924 etwa 140 Menschen zusammen. In einer ersten Hilfsaktion wurden am 5. März 1924 in der Karlstraße im Erfurter Norden an 44 Arbeiterfamilien Brot, Zucker und Schmalz verteilt.[211] Republikweit wurde der Aufbau einer festen Mitgliederorganisation seit 1923 mit dem „Bund der Freunde der Internationalen Arbeiterhilfe“ vorangetrieben.[212] Mitte April 1924 schlossen sich auch die Erfurter Aktiven diesem Bund an.[213]

Allerdings gestaltete sich der Aufbau der IAH-Strukturen in Erfurt schwierig. Es fehlte an nötigen finanziellen Mitteln und der Unterstützung des Gesamtverbandes. Daran änderte vorerst auch nicht, dass Willi Münzenberg am 22. August 1924 im Erfurter Kaisersaal vor 600 Menschen referierte. Ende Januar 1925 tagte in Erfurt die Landeskonferenz der IAH mit 26 Ortsgruppen. Sie musste das bittere Resümee ziehen, dass der Verbandsaufbau nicht nur weiterhin äußerst prekär verlief. Hinzu kam, dass in zehn Ortsgruppen Mittel unterschlagen worden waren.[214]

---

210 Gross: Willi Münzenberg, S. 157.

211 StadtA Erfurt, 1-2/154-2 Bd. 1, Bl. 96, 100.

212 Willi Münzenberg: Solidarität. Zehn Jahre Internationale Arbeiterhilfe 1921–1931, Berlin 1931, S. 351.

213 StadtA Erfurt, 1-2/154-2 Bd. 1, Bl. 127.

214 Ebenda, Bl. 195, 300.

Erst nachdem am 1. März 1925 die Landesleitung nach Erfurt verlegt wurde,[215] gelang der örtlichen Struktur ein kleiner Aufschwung: Sie betrieb eine rege Werbetätigkeit und das Sportkartell, der Mandolinenklub, die Naturfreunde, der Arbeiter-Samariter-Bund, die Proletarischen Freidenker und die KPD schlossen sich ihr als korporierte Mitglieder an.[216] Trotz alledem kämpfte die IAH nach wie vor mit massiven Geldproblemen. Auch als Willi Münzenberg im August 1925 erneut in Erfurt sprach, blieb die Resonanz mit circa 300 Besuchern unter den Erwartungen.[217]

Spätestens 1926 übernahm Paul Schäfer das Amt des Sekretärs für den Bezirk Erfurt-Thüringen. Er stellte den Verbandsaufbau ins Zentrum. Nun wurden Pläne umgesetzt, die bereits in den ersten Jahren der IAH in Erfurt entstanden waren. Sie betrafen vor allem die Kinder- und Jugendarbeit. In der IAH engagierte Mitglieder strebten Posten in öffentlichen Ämtern und der Jugendpflege an, damit „die Kinder nicht dem Jugendamt verfallen, denn dort würden sie von den Betschwestern und Pfaffen verdorben", wie eine Überwachungsnotiz der Polizei festhielt.[218] Im Dezember 1927 versuchte Paul Schäfer als Stadtverordneter, die IAH in den städtischen Beirat für Angelegenheiten der Fürsorge und Sozialrentenfürsorge aufnehmen zu lassen – ohne Erfolg.[219] Andere Vorhaben, wie etwa die seit Mitte 1925 angedachte Organisation von Kinderfreizeiten, gelangen.[220] Fotos zeigen Paul Schäfer mit Kinderreisegruppen, etwa am Erfurter Hauptbahnhof. In Thüringen nutzte die IAH ein Heim in Crawinkel für ihre Kinderfreizeiten.[221]

215 Ebenda, Bl. 319.

216 StadtA Erfurt, 1-2/154-2 Bd. 2, Bl. 37.

217 Ebenda, Bl. 87f.

218 StadtA Erfurt, 1-2/154-2 Bd. 2 Bl. 38.

219 StadtA Erfurt, 1-2/005-28, Bl. 456.

220 Ebenda, Bl. 55.

221 Münzenberg: Solidarität, S. 368.

StadtA Erfurt

Paul Schäfer (hinten rechts) beim Aufbruch zu einem Kinderferienlager der Internationalen Arbeiterhilfe vor dem Erfurter Hauptbahnhof, 1926

Die 1926 erschienene Jubiläumsschrift zum fünfjährigen Bestehen der IAH konnte auf erfolgreiches Engagement für die „Kinderwohlfahrt" wie Kinderspeisungen und Ferienverschickungen zurückblicken. Gleichzeitig zeichnete sich eine Akzentverschiebung ab, da „die IAH-Organisationen dazu übergegangen [sind], in engstem Einvernehmen mit der Arbeiterbewegung ihres Landes entweder für örtliche Streiks oder für größere Streikbewegungen [...] Hilfsaktionen zu organisieren."[222] Mit der Unterstützung von Arbeitskämpfen politisierte sich die IAH: An die Stelle von Suppenküchen traten Streikküchen. Mit dieser Kursänderung bildete die IAH ein breites Profil zwischen karitativer Unterstützung, gewerkschaftlicher Organisation und parteipolitischer Agitation aus.[223]

Auf der 2. Reichskonferenz der IAH, die vom 15. bis 18. April 1927 in Erfurt tagte, schlug sich die Kursänderung in den Beschlüssen nieder. Als ersten Punkt verpflichtete sich

222 Willi Münzenberg: Fünf Jahre Internationale Arbeiterhilfe, Berlin 1926, S. 140.

223 Kasper Braskén: The International Workers' Relief, Communism and Transnational Solidarity, London 2015, S. 124ff.

StadtA Erfurt

Paul Schäfer und seine Frau Hulda (Mitte 3. und 4. von links) mit Delegierten des 2. Reichskongresses der Internationalen Arbeiterhilfe. Vorne sitzend der älteste Sohn Hubert.

die IAH zur „Unterstützung wirtschaftlicher Kämpfe".[224] Wie Willi Münzenberg auf der Konferenz erklärte, gab die IAH „allen die Möglichkeit zur Bekundung proletarischer Solidarität" und „die Gelegenheit, sich am Kampf gegen den Kapitalismus zu beteiligen." Paul Schäfer war als Bezirkssekretär an der Konferenz maßgeblich beteiligt, der Dank auf der Titelseite des „Mahnrufs", die Bezirksleitung der IAH in Erfurt habe „gute Vorarbeit geleistet"[225], galt nicht zuletzt ihm. Fotos zeigen ihn mit verschiedenen Delegationsteilnehmern und illustrieren auch die enge Einbindung seiner Familie in seine politische Arbeit.

Die Verschiebung der politischen Praxis der IAH zeigte sich am bereits erwähnten Streik der Pels-Arbeiter 1931 in Ilversgehofen, als die IAH Streikposten versorgte und Gelder zur Streikunterstützung sammelte. Die Sammlungen wurden nicht nur im zu Preußen gehörenden Erfurt, sondern auch im

---

224 Münzenberg: Solidarität, S. 380.

225 Mahnruf. Organ für internationale Solidarität, 1. Mai 1927/5. Der Mahnruf war die Monatsschrift der Internationalen Arbeiterhilfe.

umliegenden Land Thüringen durchgeführt. Dabei geriet die Organisation bereits weit vor dem Beginn der nationalsozialistischen Diktatur unter den Verfolgungsdruck der staatlichen Behörden – besonders da in Thüringen das Innenministerium mit Wilhelm Frick bereits seit Anfang 1930 in der Hand der Nationalsozialisten war. So nahm das Thüringer Kreisamt Eisenach einen Bericht des „Thüringischen Volksblattes" vom 27. Februar 1931[226] über die Sammlung von 57,40 Reichsmark im rund 100 km von Erfurt entfernten Tiefenort zum Anlass, Ermittlungen gegen die Sammelnden einzuleiten, und kontaktierte die Polizeibehörde in Tiefenort. Die machte schließlich zwei Erwerbslose ausfindig, die zu Protokoll gaben, im Auftrag von Paul Schäfer gehandelt zu haben. Daraufhin bat die Thüringer Justiz das preußische Erfurt, Paul Schäfer ausfindig zu machen. Letztlich wurden alle drei Beteiligten wegen der fehlenden behördlichen Sammelgenehmigung zu einer Strafzahlung von jeweils 10 Reichsmark verurteilt.[227]

Familienarchiv Schäfer

Paul Schäfer (Mitte stehend) mit Freunden und Familie in Erfurt. Hulda rechts am Tisch, hinter ihr Sohn Horst, rechts von Paul Schäfer Sohn Heinz, links stehend Sohn Hubert und seine Freundin Gerda Pätzold, Ostern 1931

226 Thüringer Volksblatt, 27. Februar 1931.

227 LATh – StA Gotha, Th. Amtsgericht Vacha, Nr. 82.

Als Paul Schäfer am 28. Mai 1931 Erfurt verließ, war die IAH in Thüringen auf 3.100 Mitglieder angewachsen. Er übernahm nun die Funktion des Bezirkssekretärs für Frankfurt-Hessen, seine Frau Hulda Schäfer blieb mit den drei Söhnen in Erfurt wohnen. Frankfurt war nicht nur eine größere Stadt als Erfurt, auch war der Verband der IAH mit 4.200 Mitgliedern um mehr als 1.000 Personen größer als in seiner Heimatstadt.[228] Generell war die IAH im Vergleich zur KPD mitgliederschwach, im Bezirk Hessen-Frankfurt beispielsweise waren im Dezember 1932 16.762 Menschen in der Partei organisiert.[229]

Familienarchiv Bekos

Anna mit ihrem Ehemann Fritz Löchner in Frankfurt, Mitte 1920er Jahre

Familienarchiv Bekos

Anna Löchner, Mitte 1920er Jahre

228 Münzenberg: Solidarität, S. 357.

229 Rolf Engelke, Wolfgang Form: Kommunistischer Widerstand und NS-Verfolgungspraxis in Hessen, in: Renate Knigge-Tesche, Axel Ulrich (Hrsg.): Verfolgung und Widerstand in Hessen 1933–1945, Frankfurt/Main 1996, S. 213–235, hier: S. 214.

In Frankfurt lernte Paul Schäfer die neun Jahre jüngere Anna Löchner kennen. Sie entstammte einer sozialdemokratischen Arbeiterfamilie in Ilmenau und hatte nach der Volksschule dort zunächst als Schuharbeiterin und dann als Gewerkschaftskassiererin gearbeitet. 1925 hatte Anna Schrickel den Sozialdemokraten Fritz Löchner geheiratet und war mit ihm nach Frankfurt gezogen.[230] Dort schloss sie sich 1930 der IAH an und übernahm die Stadtteilleitung in Frankfurt-Nordend.[231] Paul Schäfer und Anna Löchner wurden ein Paar. Sie wurde 1932 geschieden, während er verheiratet blieb und regelmäßigen Kontakt zu seiner Familie hielt. Über ihre gemeinsame Tätigkeit in der IAH berichtete Anna Löchner später, dass sie intensive Solidaritätsarbeit für die Streikbewegungen der frühen 30er Jahre leisteten, indem sie Geld-und Nahrungsmittelsammlungen sowie die Verteilung von Flugblättern organisierten.[232] Schäfer setzte damit seine bereits in Erfurt im Kontext des Pels-Arbeiterstreiks geschilderte Arbeit fort.

230 BStU, MfS, AIM 7428-68, Teil I, Bl. 16, 21. Die Aussage, dass Fritz Löchner Sozialdemokrat war, machte Ines Bekos am 30. September gegenüber Annegret Schüle.

231 BArch R/3018/10983, Bl. 34. Aussage von Oskar Hübschmann bei der Staatspolizeistelle Frankfurt am Main, 17.09.1940.

232 Die Angaben befinden sich in einem vierseitigen Bericht von Anna Löchner vom 3. Oktober 1958, den sie mit „Angaben über meine gesellschafts-politische Tätigkeit in den Jahren von 1930 bis zum heutigen Tag" betitelte. Dieser Bericht ist im Familienarchiv überliefert und wurde dem Erinnerungsort Topf & Söhne zur Verfügung gestellt. Im Folgenden zitiert als Löchner 1958.

Auf der Flucht vor der Gestapo

Einen Tag nach der Ernennung Adolf Hitlers zum Reichskanzler am 30. Januar 1933 durchsuchten Beamte das Sekretariat der IAH in Frankfurt. Allerdings „fanden sie nichts und mussten mit leeren Händen wieder abziehen“, wie Anna Löchner später berichtete. Offenbar gelang es zuvor, alle relevanten Unterlagen beiseite zu schaffen bzw. zu vernichten.[233] Als 1940 Oskar Hübschmann, als Nachfolger von Paul Schäfer Leiter der illegalen IAH-Struktur in Frankfurt, der Gestapo in die Hände fiel, machte er umfassende Aussagen über die Arbeit der IAH, deren Wahrheitsgehalt allerdings nicht geprüft werden kann. Unter anderem gab er an, dass bereits 1932 im Frankfurter KPD-Büro eine Sitzung stattgefunden habe, bei der die Leiter der KPD-gesteuerten Organisationen wie IAH und Roter Hilfe aufgefordert wurden, sich auf die Illegalität vorzubereiten. Paul Schäfer habe dann auf Ortsgruppenversammlungen in Hessen über diese Umstellung gesprochen. Tatsächlich stellte man sich nur auf eine befristete Untergrundarbeit durch die Vorbereitung konspirativer Orte als Treffpunkte, für die Informationsweitergabe und die Herstellung von Druckerzeugnissen ein. Dazu gehörte, dass ein im Oktober/November 1932 für die IAH angeschafftes Motorrad „Imperia“ aus Furcht vor Beschlagnahmung gegen drei Fahrräder eingetauscht wurde.[234] Allerdings beruhte diese Planung auf einer völligen Fehleinschätzung des Nationalsozialismus hinsichtlich seine gesellschaftlichen Verankerung und seines Potentials an repressiver Gewalt nach der Machtübernahme.[235]

Am Abend des 27. Februar 1933 sprach Münzenberg in einem kleinen Ort in der Nähe von Frankfurt. Er ließ sich von

233 Löchner 1958.

234 BArch R/3018/10983, Bl. 40. Aussage von Oskar Hübschmann bei der Staatspolizeistelle Frankfurt am Main, 17.09.1940.

235 Axel Ulrich: Politischer Widerstand gegen das „Dritte Reich“ im Rhein-Main-Gebiet, Wiesbaden 2008, S. 99f.

seinem Chauffeur Emil Kühn zur Veranstaltung fahren und nachfolgend in die Wohnung von Paul Schäfer in Frankfurt, um dort mit ihm Skat zu spielen. Währenddessen brannte in Berlin der Reichstag und die Nazis beschuldigten die Kommunisten, für den Brand verantwortlich zu sein. In Folge dessen wurden führende Kommunisten verhaftet beziehungsweise wurden Haftbefehle gegen sie erlassen. So auch gegen Willi Münzenberg. Dieser erfuhr von den Geschehnissen in Berlin durch Anna Löchner, die Frau von Paul Schäfer.[236] Allerdings konnte sie keine genauen Angaben zu den Vorkommnissen machen und hatte nur Gespräche der Leute auf der Straße über einen Brand im Reichstag aufgeschnappt. Daher flüchtete Münzenberg zunächst nicht und übernachtete bei Paul Schäfer. Sein Fahrer Emil Kühn blieb hingegen wach und wollte die Lebensgefährtin von Münzenberg Babette Gross am Bahnhof abholen. Diese hatte am Bahnhof mehr Informationen einholen können und wusste, dass ein Haftbefehl für alle führenden kommunistischen Funktionäre vorlag. Emil Kühn und Babette Gross brachten Münzenberg nach Saarbrücken und entzogen ihn so einer Festnahme.[237] Paul Schäfer und Anna Löchner blieben zunächst in Frankfurt.

Im Gestapo-Verhör sagte Oskar Hübschmann aus, Schäfer habe die Widerstandstätigkeit koordiniert, indem er für die Verteilung von Propaganda-Material sorgte, dass er von der KPD-Bezirksleitung erhielt.[238] Weiter gab er zu Protokoll: „Paul Schäfer hatte lediglich die Verbindung unter uns Funktionären. Er legte die Treffs fest und gab die Anweisungen für die zu machende Arbeit. Eine Verbindung zum Bezirk der illegalen KPD hatte Schäfer persönlich gehabt. [...] Anni Löschner [korrekt: Löchner] hatte lediglich bis zu ihrer Flucht die illegale Ortsgruppe der IAH-Nordend betreut und kassiert. Die

236 Gross: Willi Münzenberg, S.246.

237 Ebenda, S.247–248.

238 BArch R/3018/10983, Bl. 35. Aussage von Oskar Hübschmann bei der Staatspolizeistelle Frankfurt am Main, 17.09.1940.

Löschner hat ihre Arbeit sehr gut gemacht und hat alle Gelder hereingeholt."[239] Im März 1933 erfolgte das formale Verbot kommunistischer Nebenorganisationen in Hessen, darunter auch der IAH.[240] Im Juli 1933 wurde ein Treffen zwischen dem damaligen Reichsleiter der IAH Schnellberger und der Führungsspitze der Frankfurter IAH initiiert. Es wurde festgelegt, dass Paul Schäfer für kurze Zeit zur Erholung nach Saarbrücken sollte. Das bedeutete unter den damaligen Umständen nichts anderes als die Aufforderung, sich ins Exil zu begeben. Die illegale Bezirksleitung der IAH in Frankfurt sollte Hübschmann von Schäfer übernehmen und weiterführen.[241]

Im vom Völkerbund verwalteten Saargebiet war Schäfer weiter als Sekretär für die IAH tätig.[242] Im August des Jahres nahmen er und Hübschmann an einer dreitägigen Konferenz in Paris teil, auf der Willi Münzenberg über die illegale Arbeit referierte.[243] Bei diesem Zusammentreffen ließ er sich auch konkret über die Arbeit im Bezirk Hessen-Frankfurt informieren.[244] Unklar ist, ob es sich bei der genannten Konferenz um die im selben Monat ebenfalls in Paris stattgefundene Konferenz des „Weltkomitees gegen Krieg und Faschismus" handelt. Dieses war ein Jahr zuvor durch Münzenberg ins Leben gerufen worden und hatte die Unterstützung verschiedener kommunistischer und auch nicht-kommunistischer Parteien und Gruppen. Beispielsweise nahm die spätere Gallionsfigur des kommunistischen Widerstandes im Spanischen Bürgerkrieg, die spanische Kommunistin Dolores Ibárruri, an der Konferenz des Komitees teil.[245]

239 Ebenda, Bl. 40f.

240 Ulrich: Politischer Widerstand, S. 101.

241 BArch, Institut für Marxismus-Leninismus beim ZK der SED. Zentrales Parteiarchiv, R3018, Bl.37.

242 GARF, f. 10035, op. 2, d. 3232, Strafakte Paul Schäfer, l.44.

243 BArch R/3017/3300, S. 9f. Urteil Oskar Hübschmann.

244 Ulrich: Politischer Widerstand, S. 120. Im Übrigen wird auch hier auf S. 123 der vermeintliche Tod Schäfers in Spanien kolportiert.

245 Victor Alba: The Communist Party in Spain, New Jersey 1983, S. 166.

Im August 1933 folgte Anna Löchner Paul Schäfer nach Saarbrücken. Gemeinsam mit ihrem Lebensgefährten wohnte sie dort im Büro der IAH. Als illegale Kurierin hielt Anna Löchner im Auftrag von Paul Schäfer die Verbindung zwischen Saarbrücken und Frankfurt aufrecht.[246] Dabei wurde die illegale Arbeit immer gefährlicher, allein in Frankfurt wurden bis September 1933 circa 160 Kommunisten verhaftet.[247] Laut Anna Löchner brachte noch im Oktober ein LKW aus dem Saargebiet Zeitungen und Flugblätter nach Frankfurt. Das soll gelungen sein, da sich die beteiligten Kommunisten als SA-Männer verkleideten. Bei ihren geheimen Aufenthalten im Deutschen Reich fand Anna Löchner auch Unterstützung bei ihrem Ex-Mann Fritz Löchner. Bei ihm als Sozialdemokraten vermutete die Gestapo Anna Löchner nicht, so dass sie sich dort verstecken konnte. Das Haus ihrer Schwester in Ilmenau wurde dagegen von der Gestapo nach Hinweisen auf ihren Aufenthalt durchsucht.[248] Ende des Jahres 1933 lernte Anna Löchner in Saarbrücken Erich Weinert kennen. Sein Gedicht „Der falsche Nero“, das die Urheberschaft des Reichstagsbrandes den Nationalsozialisten zusprach, machte sie in Frankfurter Widerstandskreisen bekannt. Formell war Anna Löchner noch bei Babette Gross, der Lebensgefährtin Willi Münzenbergs, in Frankfurt-Bockenheim gemeldet. Als sie sich im Oktober dort aufhielt, wäre sie fast der Gestapo in die Hände gefallen und konnte nur durch eine Warnung rechtzeitig entkommen. Von der Gestapo gesucht, konnte sie nun ihre illegale Arbeit im Deutschen Reich nicht mehr fortsetzen. Zurück in Saarbrücken wurde sie IAH-Hauptkassiererin für das Saargebiet und organisierte Kindertransporte in die Schweiz, Luxemburg und Frankreich.[249]

---

246 BArch R/3018/10983, Bl. 16f. Vernehmung von Ludwig (Israel) Heß vom 1.3.1940.

247 Engelke/Form: Kommunistischer Widerstand, S. 227.

248 Aussage von Ines Bekos gegenüber Annegret Schüle am 30. September 2019.

249 Löchner 1958.

Vom Saargebiet aus wurden weiter Flugblätter und Zeitungen, etwa die „Rote Fahne“, die „Baseler Rundschau“ sowie die „Arbeiter Illustrierte Zeitung“ aus dem Verlag Münzenbergs in das Deutsche Reich geschmuggelt. Zu diesem Zweck wurde Anfang 1934 im Grenzort Rammelsbach eine geheime Materialanlaufstelle eingerichtet, von dort kamen die Druckerzeugnisse nach Frankfurt am Main. Im Juli 1934 wurde eine zweite Anlaufstelle in Zweibrücken eingerichtet, die allerdings schnell von den Nazis ausgehoben wurde. Darüber hinaus suchte Oskar Hübschmann Paul Schäfer mehrmals in Saarbrücken auf und erhielt von ihm Geld für die politische Arbeit in Hessen. Zudem hielten beide konspirativen Briefkontakt. Mittels unsichtbarer Tinte konnten politische Inhalte zwischen den Zeilen sonst belangloser Briefe kommuniziert werden.[250]

In der Volksabstimmung im Januar 1935 schloss sich das Saargebiet dem nationalsozialistischen Deutschland an. Wie viele andere Regimegegner verloren auch Paul Schäfer und Anna Löchner damit ihren Zufluchtsort und retteten sich nach Frankreich. Anna Löchner berichtete später, dass beide nach ihrem Grenzübertritt nur knapp der Auslieferung an die deutsche Polizei durch einen französischen Offizier entgingen. Nachdem sie bis März 1935 im französischen Forbach gelebt hatten, siedelten sie auf Anordnung der Behörden nach Paris um.[251]

Ein interner Bericht der KPD vom Mai 1935 berichtet von einer „panikartige[n] Stimmung“ nach der Saar-Abstimmung und schätzungsweise 6.000 Geflüchteten. Die ohnehin schon angespannte Lage deutscher Politemigranten in Paris habe sich „nach der Saarabstimmung sehr ungünstig entwickelt.“ Zwischen deutschen und französischen Kommunisten entstanden Konflikte, so „dass unter den Emigranten nur noch von den franz. Chauvinisten gesprochen“ wurde. Auch mit der Unterstützung durch die Rote Hilfe war man unzufrieden, es war

250 BArch R/3017/3300, Bl. 40f. Urteil Oskar Hübschmann.

251 Löchner 1958.

vom „unkameradschaftlichen Verhalten der verantwortlichen RH-Leiter“ die Rede.

Finanziell unterstützte die KPD bzw. die Rote Hilfe 127 Politemigranten in Paris, 90 Prozent von ihnen lebten illegal im Land. Darunter befanden sich auf ihre Einreise in die Sowjetunion wartende Genossen, die „schwer gefährdet“ waren und „der Behörde nicht auffallen“ durften.[252] Anfang Juni reagierte Wilhelm Pieck mit einem Schreiben an das Politbüro der KP Frankreichs. Die politischen Emigranten aus dem Saargebiet „leiden grosse Not“ und senden „einen Notschrei nach dem anderen“, so Pieck. Um der Verzweiflung vorzubeugen und aus Furcht vor „parteifeindliche[n] Stimmungen“ müsse die KP und die Rote Hilfe Frankreichs die deutschen Emigranten unterstützen und zur Solidarität durch die Arbeiterschaft aufgerufen werden.[253]

Paul Schäfer bezog in Paris keine finanzielle Unterstützung durch die KPD oder die Rote Hilfe. Nach den Aussagen von Anna Löchner hielt er sich als Kurier für den Verlag „Edition du Carrefour“ über Wasser.[254] Mit diesem bedeutenden Emigrantenverlag hatte Willi Münzenberg das wichtigste Sprachrohr der Exil-KPD aufgebaut. In einem Brief an seinen Sohn Hubert beschrieb Paul Schäfer, dass er in Paris in ärmlichen Verhältnissen gelebt habe.[255] Anna Löchner arbeitete als Putzfrau. Trotz ihrer prekären Lage beteiligten sich beide an der politischen Arbeit der deutschen Emigranten.[256]

Das früheste Dokument, das die Verfolgung von Paul Schäfer durch die Nationalsozialisten belegt, ist ein Suchvermerk des Oberreichsanwaltes des Volksgerichtshofs vom 13. Mai 1938. Dort wird Paul Schäfer der „Vorbereitung zum Hochverrat“ beschuldigt.[257]

---

252 BArch-SAPMO, RY 1 678, Bl. 80ff.

253 BArch-SAPMO RY 1 2/3 346, Bl. 106.

254 GARF, f. 10035, op. 2, d. 3232, Strafakte Paul Schäfer, l. 44.

255 StadtA Erfurt, 5/421-E-1, Schuhfabrik „Paul Schäfer“, Bd. 5, unpaginiert.

256 Löchner 1958.

257 BArch, R/3017/34646, Bl. 145.

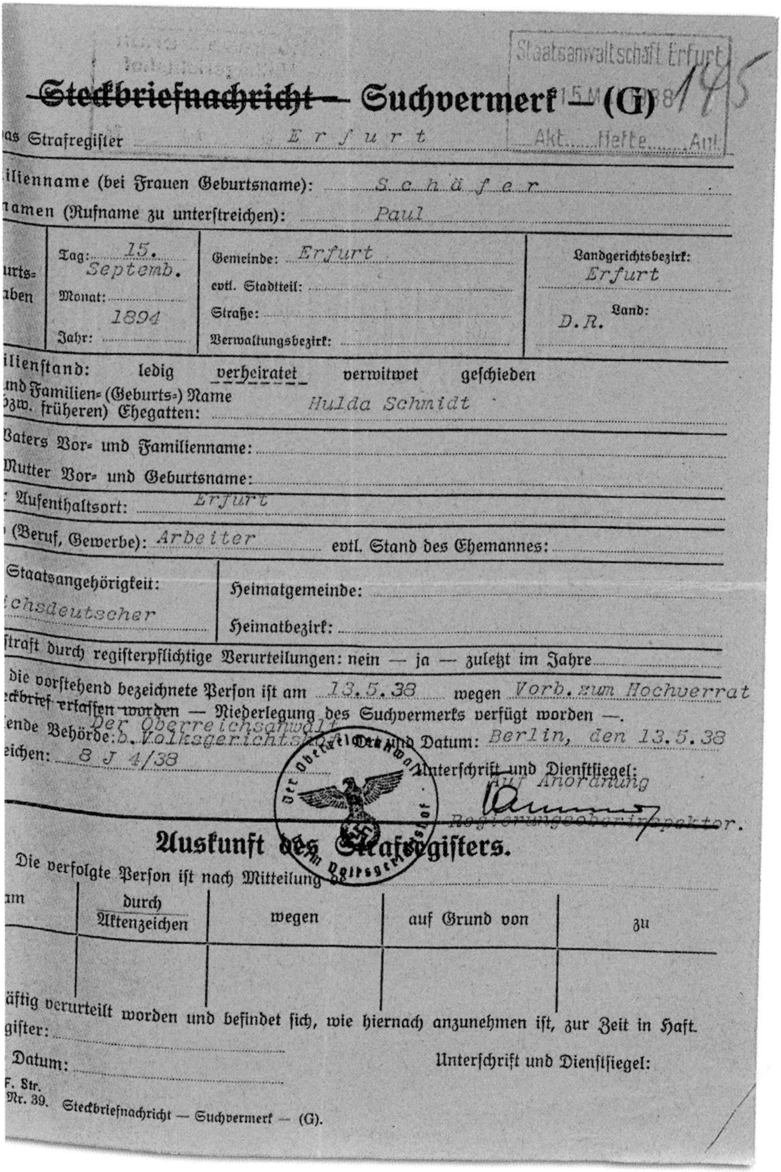

Staatsanwaltschaft Erfurt 15 Mai 1938 145

Akt..... Hefte..... Anl.

~~Steckbriefnachricht~~ — Suchvermerk — (G)

...as Strafregister Erfurt

...ilienname (bei Frauen Geburtsname): Schäfer

...amen (Rufname zu unterstreichen): Paul

...urts-...aben	Tag: 15. Monat: Septemb. Jahr: 1894	Gemeinde: Erfurt evtl. Stadtteil: Straße: Verwaltungsbezirk:	Landgerichtsbezirk: Erfurt Land: D.R.

...ilienstand: ledig verheiratet verwitwet geschieden

...nd Familien- (Geburts-) Name bzw. früheren) Ehegatten: Hulda Schmidt

Vaters Vor- und Familienname:

Mutter Vor- und Geburtsname:

... Aufenthaltsort: Erfurt

... (Beruf, Gewerbe): Arbeiter evtl. Stand des Ehemannes:

Staatsangehörigkeit: ...ichsdeutscher	Heimatgemeinde: Heimatbezirk:

...straft durch registerpflichtige Verurteilungen: nein — ja — zuletzt im Jahre

... die vorstehend bezeichnete Person ist am 13.5.38 wegen Vorb. zum Hochverrat ...~~eckbrief erlassen worden~~ — Niederlegung des Suchvermerks verfügt worden —.

...ende Behörde: Der Oberreichsanwalt b. Volksgerichtshof Ort und Datum: Berlin, den 13.5.38

...eichen: 8 J 4/38 Unterschrift und Dienstsiegel: Auf Anordnung

Der Oberreichsanwalt beim Volksgerichtshof

Regierungsoberinspektor.

Auskunft des Strafregisters.

Die verfolgte Person ist nach Mitteilung ...

...am	durch Aktenzeichen	wegen	auf Grund von	zu

...äftig verurteilt worden und befindet sich, wie hiernach anzunehmen ist, zur Zeit in Haft.

...gister:

Datum: Unterschrift und Dienstsiegel:

F. Str. Nr. 39. Steckbriefnachricht — Suchvermerk — (G).

BArch

Suchvermerk für Paul Schäfer wegen „Vorbereitung zum Hochverrat“, 13. Mai 1938

Die Gestapo Frankfurt notierte am 13. Juni 1940:

„Schäfer ist im Deutschen Fahndungsbuch zur Festnahme ausgeschrieben. Er hält sich heute noch im Ausland auf. Wo ist nicht bekannt geworden. [...] Nicht bekannt war, daß die Löchner nach ihrer Flucht illegal ins Reichsgebiet einreiste und tätig wurde [...] Auch die Löchner ist heute noch flüchtig und befindet sich zweifelsohne in Begleitung des Schäfer. Sie ist ebenso im Deutschen Fahndungsbuch zur Festnahme ausgeschrieben."[258]

258 BArch R/3018/10983, Bl. 26.

A b s c h r i f t !

26

Stapo II A- Frankfurt a.M.,den 13.Juni 194o.

S c h ä f e r, Paul,geb.am 15.9.1894 zu Erfurt,zuletzt Frankfurt a.M.,Heiligkreuzgasse Nr.? wohnhaft,war bis zur Macht=übernahme der NSDAP.Leiter der JAH.des Bez.Hess.Ffm. Kurz nach der Machtübernahme flüchtete S c h ä f e r nach dem Saargebiet, woselbst er weiterhin für die JAH. tätig war. Über die illegale Tätigkeit des S c h ä f e r hat der inzwischen vom Volksgerichts=hof Berlin-Aktz.16.J.328/35-zu 12 Jahren Zuchthaus abgeurteilte Alfred L i s t,geb.am 21.2.19o4 zu Frankfurt a.M.in seinen früheren Vernehmungen vor dem Unters.Richter des Volksgerichts=hofs-OLG.Rat W o l f f,Kassel-OLG.-eingehende Angaben gemacht.

Die Vorgänge über S c h ä f e r befinden sich bereits unter Aktz. 8.J.4/38 beim ORA.Berlin.

S c h ä f e r ist im Deutschen Fahndungsbuch zur Festnahme aus=geschrieben. Er hält sich heute noch im Ausland auf.Wo ist nicht bekannt geworden.

Jn den Akten 8.J.4/38 ORA. ist auch die illegale Tätigkeit der Anna L ö c h n e r,geborene S c h r i c k e l,geb.am 5.6.19o3 zu Jllmenau,zuletzt Frankfurt a.M.,Gelbe=Hirschstraße Nr. (nicht Anna L e c h n e r)niedergelegt. Nicht bekannt war,daß die L ö c h n e r nach ihrer Flucht illegal ins Reichsgebiet ein=reiste und tätig wurde, wie es H e ß in seiner Vernehmung zum Ausdruck gebracht wurde.

Auch die L ö c h n e r ist heute noch flüchtig und befindet sich zweifelsohne in Begleitung des S c h ä f e r. Sie ist ebenfalls in Deutschen Fahndungsbuch zur Festnahme ausgeschrie=ben.

gez.Bauer,
Krim.-Sektr.

Geheime Staatspolizei
Staatspolizeistelle Frankfurt (Main)
Tagb.Nr.5494/4o-II A- Frankfurt a.M.,den 13.Juni 4o.

Generalstaatsanwalt
Kassel
15. JUNI 1940
Hefte H.A. Schriftst.

Urschr.
dem Herrn Generalstaatsanwalt
in K a s s e l
zurückgesandt.

J.A.
gez.Wilts.

BArch

Ermittlungen gegen Paul Schäfer und Anna Löchner im Deutschen Reich, Abschrift der Gestapo Frankfurt, 13. Juni 1940

Emigrant in der SU

Von Paris aus bemühten sich Paul Schäfer und Anna Löchner um eine schnelle Ausreise in die Sowjetunion. Spätestens seit Mai 1935 besaßen sie die Zustimmung des KPD-Politbüros zur Einreise in die Sowjetunion. Allerdings scheiterte ihr Vorhaben bis dahin am Geld und am Einreisevisum.[259] Anfang Juni stellte die Vertretung der KPD in Paris hinsichtlich der Einreisegenehmigungen für die Sowjetunion irritiert fest, „dass ein Teil unserer Anträge [...] im positiven Sinne erledigt wurden und der andere Teil immer noch auf Erledigung wartet." Unter den Personen, die „schleunigste Berücksichtigung erfordern", führte sie auch Paul Schäfer auf.[260] Mitte September unterstrich die KPD-Vertretung die Dringlichkeit dieses Anliegens, da sowohl Paul Schäfer als auch Anna Löchner ihre Aufent-

Foto: Thomas Schäfer

Das ehemalige Politemigrantenheim in Moskau, uliza Obucha 3, 17. August 2016

259 BArch-SAPMO, RY 1 678, Bl. 90 .

260 BArch-SAPMO RY 1 2/3 346, Bl. 105.

haltsgenehmigungen für Frankreich verloren hätten. Deshalb „können sie jeden Tag mit Ausweisung rechnen“, weshalb „fuer diese beiden schnellstens ein Visum auszuweisen“ sei. Aus diesem Schreiben geht auch hervor, dass Willi Münzenberg von der gefährlichen Situation der zwei wusste und sich persönlich für die rasche Erteilung der Visa einsetzen wollte.[261] Anfang Oktober 1935 bekamen beide schließlich grünes Licht von den sowjetischen Behörden.[262]

Im Dezember 1935 konnten Paul Schäfer und Anna Löchner endlich ihre Reise in die Sowjetunion antreten. Das Visum hatte ihnen die diplomatische Vertretung der UdSSR in Paris ausgestellt. Die Zugfahrkarten zahlte die IAH. Die Reiseroute ging über Dänemark, Schweden und Finnland. Am 16. Dezember 1935 kamen beide in Leningrad an.[263]

Paul Schäfer, der herzkrank war, erholte sich bis Februar 1936 im Sanatorium. Anschließend wurden beide von der Gewerkschaft der Lederarbeiter nach Simferopol auf die Krim geschickt, um in der Schuhfabrik „Krasnyi Lutsch“ (Roter Strahl) zu arbeiten, er in der Produktionskontrolle, sie als Stepperin.[264] Mangels Wohnung mussten sie ein Jahr lang in einem Büro dieser Fabrik nächtigen. Anna Löchner sagte 1939 in einer Zeugenvernehmung aus:

„Mein Mann arbeitete ab 25.3.1936 in Simferopol und ich arbeitete ab 1.4.1936 ebenfalls dort. Seit Februar 1937 arbeiteten wir nicht mehr, weil die Fabrik uns keine Wohnung zur Verfügung stellte. Uns wurde gekündigt.“[265]

Hinzu kam, dass Anna Löchner unter dem Klima auf der Krim litt und Hände und Kopf „immer dick angeschwollen“ waren, wie sie später berichtete.[266] Von Simferopol aus zogen Schäfer und seine Lebensgefährtin nach Moskau. Dort lebten sie im

261 BArch-SAPMO RY 1 2/3 351, Bl. 160.

262 BStU, MfS, AIM 7428-68, Teil I, Bl. 25.

263 GARF, f. 10035, op. 2, d. 3232, Strafakte Paul Schäfer, l. 10.

264 BStU, MfS, AIM 7428-68, Teil I, Bl. 21.

265 GARF, f. 10035, op. 2, d. 3232, Strafakte Paul Schäfer, l. 26.

266 Löchner 1958.

Politemigrantenheim in der uliza Obucha 3. Während ihrer Zeit in Moskau waren beide ohne Arbeit und wurden mit 50 Rubel und kostenlosen Mahlzeiten von der MOPR, der Internationalen Roten Hilfe, unterstützt. Auch ihre Versuche, außerhalb von Moskau Arbeit zu finden – Anna Löchner erwähnt Kursk und Orel im Süden – scheiterten.[267]

267 Löchner 1958.

Der stalinistische Terror und die Verfolgung deutscher Kommunisten in der Sowjetunion

Mitte der 1930er Jahre wurde die gesamte sowjetische Gesellschaft vom stalinistischen Terror erfasst. Besonders im Gedächtnis geblieben sind die Moskauer Schauprozesse zwischen 1936 und 1938, deren „Logik“ charakteristisch für die Verfolgung wurden: Ehemals führende Bolschewiki wurden zum inneren Feind erklärt, durch erzwungene, absurde Geständnisse „überführt“ und zum Tode verurteilt. Der Terror traf alte Mitglieder der Kommunistischen Partei der Sowjetunion, Offiziere der Roten Armee, Kirchenvertreter sowie Intellektuelle aus Kunst und Kultur. Doch diese gesellschaftliche Elite machte höchstens ein Zehntel der Hingerichteten aus. Die überwiegende Zahl der Opfer waren Bauern, verfolgt als vermeintlich wohlhabende „Kulaken“, Arbeiter sowie deklassierte Menschen wie Bettler, Obdachlose oder Prostituierte. Zu den Opfergruppen gehörten insbesondere nichtrussische Minderheiten.[268]

Bereits 1936 war auch im persönlichen Umfeld von Paul Schäfer und Anna Löchner auf der Krim die wachsende stalinistische Repression wahrnehmbar. In einem Schreiben der deutschen Sektion der Kommunistischen Internationale vom 23. August 1936 wurden beide angewiesen, Parteimaterial durchzuarbeiten und „gemeinsame Besprechungen über den jetzt stattfindenden Prozess [durchzuführen], damit alle Genossen erkennen, wohin Abweichungen von der Linie der Partei führen [...].“[269] Gemeint war der erste Moskauer Schauprozess vom 19. bis zum 24. August 1936. Dort wurden mit

---

268 Barry McLoughlin: Die Massenoperationen des NKWD, in: Hedeler, Wladislaw (Hrsg.): Stalinistischer Terror 1934–41. Eine Forschungsbilanz, Berlin 2002, S. 33–50.

269 RGASPI, f. 495, op. 205, d. 7385, Kaderakte Paul Schäfer, l. 21.

Lew Kamenew und Grigori Sinowjew nicht nur wichtige Altbolschewiken der Weltöffentlichkeit als vermeintliche Trotzkisten mitsamt faschistischen Hintermännern vorgeführt: Fünf der 16 Angeklagten waren außerdem zuvor in der KPD aktiv gewesen. Am dritten Prozesstag, dem 22. August, erklärte der Generalstaatsanwalt der UdSSR Andrei Wyschinski unmissverständlich, wohin jene „Abweichungen“ führen würden, als er forderte, „dass diese toll gewordenen Hunde allesamt erschossen werden!“[270]

Bis 1938 folgten zwei weitere Schauprozesse, die zeigten, dass die stalinistische Paranoia längst die Gesellschaft zersetzt hatte: Der Feind könne überall lauern, und für ihn solle es keine Gnade geben. Diesen angeblichen Feind fand man nach dem Ende der Neuen Ökonomischen Politik 1927/1928 und der vorangetriebenen Industrialisierung und Zwangskollektivierung nicht mehr außerhalb der Sowjetunion, sondern in ihrem Inneren. Genau dieses Denken schlug sich auch im Auftakt des „Großen Terrors“ nieder, dem Befehl Nr. 00447 „Über die Operation zur Repression ehemaliger Kulaken, Krimineller und anderer antisowjetischen Elemente“. Nach den umfangreichen, erzwungenen Kollektivierungsmaßnahmen gab es offiziell zwar keine Kulaken mehr, aber immer noch ehemalige und damit mögliche Saboteure. Der Befehl sah die Verhaftung von 268.950 Menschen vor, 75.950 von ihnen sollten hingerichtet werden. Wie der Historiker Karl Schlögel betont, handelt es sich bei diesem Dokument um die „unverstellte Anweisung zum Massenmord nach Planvorgabe“.[271] Auch wenn der Terror zentral veranlasst worden war, erlangte er im regionalen Raum eine eigene Dynamik. Einheiten vor Ort baten um Erhöhung der ihnen zugewiesenen Verhaftungskontingente, konkurrierten untereinander um die Übererfüllung und lösten mit Hilfe des Terrors eigene, interne Konflikte.

270 Karl Schlögel: Terror und Traum – Moskau 1937, München 2008, S. 103.

271 Karl Schlögel: Die Stalinmaschine, in: Lettre International 2007/76, S. 48–56, hier: S. 50.

Stalin entledigte sich der potentiellen innerparteilichen Opposition und damit vor allem des alten Kaders. Etwa 80 Prozent der 1.966 Delegierten des Parteitags 1934 waren schon seit Ende des Bürgerkriegs 1921 Mitglied in der kommunistischen Partei, die neuen Aufsteiger waren deutlich unterrepräsentiert. Von diesen Delegierten wurden in den folgenden Jahren 1.108 festgenommen, sodass sich das Verhältnis zwischen alten Kadern und neuen Mitgliedern umdrehte.[272]

Insgesamt verhaftete der sowjetische Geheimdienst NKWD zwischen 1937 und 1938 1.575.000 Menschen, 681.692 von ihnen wurden hingerichtet. In den Arbeitslagern des Gulag wurden 1938 insgesamt 1,9 Millionen Menschen festgehalten.[273] Die Verfolgungsmaschinerie hatte sich stetig zu dem gesteigert, was rückblickend als „Großer Terror" bezeichnet wird.

Zur Dynamik des Kampfs gegen den angeblich allgegenwärtigen inneren Feind trug auch der Druck der außenpolitischen Entwicklungen ab 1937 bei. Das nationalsozialistische Deutschland hatte das Rheinland remilitarisiert und unterstützte gemeinsam mit dem faschistischen Italien offen Francos Truppen im Spanischen Bürgerkrieg, während sich die restlichen europäischen Demokratien in Appeasement übten.[274]

Der „Große Terror" war letztlich die Summe verschiedener Massenoperationen, die sich gegen Kulaken, Religiöse, Kriminelle, politische Kontrahenten, Ausländer und andere Nationen im Vielvölkerstaat Sowjetunion richteten. Eine davon war die „Deutsche Operation", der auch Paul Schäfer zum Opfer fiel. Nach einem Treffen am 20. Juli 1937 zwischen Stalin, Molotow und Jeschow wurde der Befehl Nr. 00439 ausgegeben: Deutsche in infrastrukturell- und kriegswichtigen Betrieben sollten verhaftet werden. In den 16 Monaten der Operation kam es zu 65.000 Festnahmen. Davon verloren 42.000 Menschen durch

---

272 Manfred Hildermeier: Geschichte der Sowjetunion 1917–1991, München 2017, S. 461.

273 Altrichter: Kleine Geschichte der Sowjetunion, S. 92.

274 Hildermeier: Geschichte der Sowjetunion, S. 481.

anschließende, willkürliche Todesurteile ihr Leben. Betroffen waren neben deutschen Arbeitsmigranten, KPD-Funktionären und seit 1933 ins Land geflüchtete Politemigranten auch Russen, die Kontakte nach Deutschland hatten.[275] Teilweise hatten die Behörden Schwierigkeiten, die vorgegebenen Verhaftungsquoten zu erfüllen, sodass sie mitunter Nationalitäten manipulierten, um genügend angebliche Verdächtige vorweisen zu können. Die Verhaftungsgründe und Geständnisse der Beschuldigten entbehrten dabei selbst jeglicher Plausibilität. Diejenigen, die Verschwörungen „aufdeckten", hatten diese zuvor selbst erfunden.[276]

Neben seiner Nationalität rückte sicher auch Paul Schäfers IAH-Vergangenheit ihn in die Nähe angeblicher Verschwörer. So wurde von Moskau aus aktiv gegen Willi Münzenberg und die von ihm aufgebauten Organisationen vorgegangen, da man ihm „partei-, einheits- und volksfrontfeindliche Tätigkeit" vorwarf und dazu unterstellte, „alle Anstrengungen [zu unternehmen], einen eigenen Apparat zum Kampf gegen die Partei aufzubauen [...]."[277] Aus einem Schreiben von Walter Ulbricht vom Februar 1939 geht hervor, dass bereits Ende 1936 „sein internationaler Verbindungsapparat liquidiert werden sollte" und angeblich „Agenten [...] mit Hilfe Münzenbergs in die verschiedenen Institutionen gekommen waren [...]."[278] Schließlich brach die Komintern jegliche Kontakte zu Münzenberg und seinem Verlag Editions du Carrefour in Paris Ende März 1938 ab.[279]

Die intensive Verhaftungswelle ausländischer Kommunisten, flankiert von staatlicher Propaganda, führte zu einer wachsenden Fremdenfeindlichkeit in der sowjetischen Gesellschaft und unter den Migranten zu Verzweiflung. Der Brief von Eugen

---

275 Nikita Ochotin/Arsenij Roginskij: Zur Geschichte der ‚deutschen Operation' des NKVD 1937–1938, in: Hermann Weber/Ulrich Mählert (Hrsg.): Verbrechen im Namen der Idee. Terror im Kommunismus 1936–1938, Berlin 2007, S. 142–190.

276 Schlögel: Stalinmaschine, S. 51.

277 Weber/Drabkin/Bayerlein: Deutschland, Russland, Dok. 432, S. 1423.

278 Ebenda, Dok. 446, S. 1482f.

279 Ebenda, Dok. 435, S. 1435.

Vargas Ende März 1938 an Stalin vermittelt einen Eindruck von der damaligen Atmosphäre in Moskau:

„Der Hass auf Ausländer wütet. [...] Dieser sich immer mehr ausbreitende Hass auf Ausländer flammte auf infolge von Massenverhaftungen [...].“ Diese führte bei den ausländischen Genossen zu einem „Gefühl völliger Hilflosigkeit“, denn selbst der „ehrliche Kommunist“, der „von der Unschuld eines Verhafteten überzeugt ist, kann bei allem Willen kaum etwas tun, um das Missverständnis aufzuklären: Er weiß nicht, welcher Verbrechen der Verhaftete bezichtigt wird [...].“ Der Eindruck, dass „die Sowjetregierung nachhaltig alle Ausländer interniert“, verbreite „eine gefährliche Atmosphäre der Panik.“[280]

Diese Interpretation traf auch speziell auf die deutschen Kommunisten zu. Paul Jäckel berichtete dem ZK der KPD sowie den deutschen Vertretern bei der Komintern Ende April davon, dass die sowjetischen Behörden jeden Deutschen als faschistischen Spion betrachten würden. Neben Berichten von Genossinnen und Genossen stützte er sich auf einen Artikel des sowjetischen Magazins „Journal de Moscou“ vom 12. April 1938. Dort hieß es, „es wäre keinesfalls eine Übertreibung zu sagen, dass [...] jeder im Auslande lebende deutsche Staatsbürger ein Agent der GESTAPO ist“. Da die Zeitung „vor ihrer Herausgabe durch Glawlit [sowjetische Zensurbehörde] geprüft wird, ist anzunehmen, dass diese Auffassung [...] eine offizielle ist“, so Jäckels Schlussfolgerung.[281] Bis Ende April 1938 wurden dem Exekutivkomitee der Kommunistischen Internationale 842 verhaftete Deutsche gemeldet. Anhand der parteiinternen Kassationsberichte kam Jäckel zu dem Schluss, dass über 70 Prozent aller in der Sowjetunion lebenden KPD Mitglieder zu diesem Zeitpunkt in Haft seien. Die Hinterbliebenen seien verzweifelt und ohne Mittel, einige seien am Verhungern, andere begingen oder erwägten den Freitod.[282]

280 Ebenda, Dok. 436, S. 1441.

281 Ebenda, Dok. 439, S. 1447.

282 Ebenda, Dok. 439, S. 1447ff.

Am 17. Januar 1938 informierte ein A. Müller, Vertreter der deutschen Sektion der Komintern in Moskau, Jelena Stassowa, Mitglied der internationalen Kontrollkommission der Komintern, über die Pläne von Paul Schäfer und Anna Löchner, die Sowjetunion schnell zu verlassen, obwohl sie kaum in der Lage waren, ihren eigenen Lebensunterhalt zu bestreiten:

„Sie sind bereit nach Frankreich zu fahren. Es ist notwendig alles schnellstens zu tun damit bei einverständnis der betreffenden Sowjetstelle beide aus der S.U. fahren können. Die Angelegenheit ist deshalb dringend weil der Pass von Schäfer, Paul bereits Mitte Februar abläuft. Bei abfahrt aus der S.U. ersuchen wir beide Geld mitzugeben, damit sie für kurze Zeit im Ausland ihr Lebensunterhalt bestreiten können.“[283] Aus Anna Löchners Bericht ist bekannt, dass sich beide als Freiwillige zum Spanienkrieg gemeldet hatten und Frankreich nur als Zwischenstopp geplant war.[284]

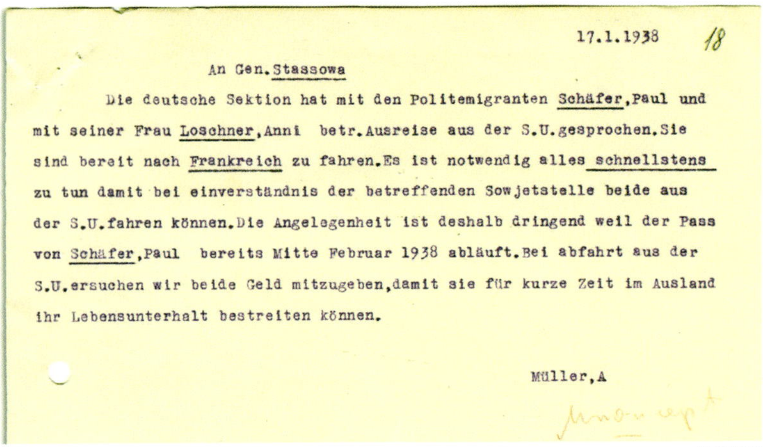
17.1.1938 18

An Gen. Stassowa

Die deutsche Sektion hat mit den Politemigranten Schäfer, Paul und mit seiner Frau Loschner, Anni betr. Ausreise aus der S.U. gesprochen. Sie sind bereit nach Frankreich zu fahren. Es ist notwendig alles schnellstens zu tun damit bei einverständnis der betreffenden Sowjetstelle beide aus der S.U. fahren können. Die Angelegenheit ist deshalb dringend weil der Pass von Schäfer, Paul bereits Mitte Februar 1938 abläuft. Bei abfahrt aus der S.U. ersuchen wir beide Geld mitzugeben, damit sie für kurze Zeit im Ausland ihr Lebensunterhalt bestreiten können.

Müller, A

RGASPI

Gesprächsnotiz über das Vorhaben von Paul Schäfer und Anna Löchner, nach Frankreich auszureisen, 17. Januar 1938

283 Rechtschreibung aus dem Original übernommen. RGASPI, f. 495, op. 205, d. 7385, Kaderakte Paul Schäfer, l. 18.

284 Löchner 1958.

Das Schreiben von A. Müller macht deutlich, dass Paul Schäfer und Anna Löchner versuchten, aus der Sowjetunion zu entkommen, nachdem der stalinistische Terror sich in der „Deutschen Operation" auch gegen die deutschen Politemigranten zu richten begann und sich die Gerüchte über Verhaftungen besonders in den Großstädten verbreiteten. Keiner der deutschen Kommunisten konnte sich zu diesem Zeitpunkt sicher sein, nicht als Nächster vom sowjetischen Geheimdienst festgenommen zu werden. Denunziationen nahmen zu, bereits Bemerkungen über die Lebensmittelversorgung konnten als antisowjetische Propaganda interpretiert und angezeigt werden. In den Fokus des Misstrauens geratene Kommunisten inszenierten sich als aufmerksame Bolschewiken, weil sie hofften, so ihre eigene Position sichern zu können. Dies versuchte beispielsweise der Deutsche Hans Schiff durch massenhafte Eingaben und Berichte an den NKWD. Für Nachforschungen gegen vermeintliche Feinde erkundigte er sich auch bei Paul Schäfer über die Familienverhältnisse einer ihm verdächtigen Genossin. Selbst eine geistig verwirrte Bettlerin geriet bei ihm in Verdacht. Dem NKWD schrieb er: „Vielleicht ist die Frau wirklich verrückt, aber vielleicht verbirgt sich hinter ihr außerdem irgendwelche Agentin oder bewußte Propagandistin gegen die Sowjetunion, die diese Rolle nur spielt, um sich so besser zu tarnen, um alle Menschen ansprechen zu können und den ganzen Tag unauffällig die Menschen beobachten zu können?"[285] Letztendlich geriet aber auch er ins Fadenkreuz des NKWD und wurde am 8. Dezember 1937 in Butowo erschossen.[286]

Am 31. Januar 1938 beschloss das Politbüro der KPdSU, im Rahmen der nationalen Operationen die „Vorgehensweise der außergerichtlichen Untersuchung [...], unabhängig von ihrer Staatsbürgerschaft [...] bis zum 15. August 1938" beizubehal-

285 Zitiert nach: Reinhard Müller: Menschenfalle Moskau. Exil und stalinistische Verfolgung, Hamburg 2001, S. 202.

286 Müller: Menschenfalle Moskau, S. 199–216.

ten.[287] Damit ging auch der Terror gegen die Deutschen in der Sowjetunion weiter.

Im Februar teilte Walter Dittbender, führender KPD-Mann und Leiter der Abteilung Politemigranten beim ZK der MOPR, den beiden mit, so Anna Löchner, dass „unser Antrag genehmigt sei und wir uns auf die Abreise vorbereiten sollen." Anna Löchner weiter: „Es kam aber nicht zur Abreise. Die Verhältnisse gestalteten sich so, dass ich von meinem Mann getrennt wurde."[288] Im März 1938 wurde Dittbender vom NKWD verhaftet, gefoltert und als angebliches „Mitglied einer antisowjetisch-trotzkistischen Terrororganisation und Spion" am 2. Mai 1939 zum Tode verurteilt und erschossen.[289] Das Land, in dem der Kommunist Paul Schäfer und seine Lebensgefährtin Zuflucht gesucht hatten, war zur Falle geworden.

---

287 Weber/Drabkin/Bayerlein: Deutschland, Russland, Dok. 431, S. 1416.

288 Löchner 1958.

289 Weber/Herbst: Deutsche Kommunisten, S. 189.

Tod in Moskau

Am 10. März 1938 wurde Paul Schäfer vom sowjetischen Geheimdienst NKWD im Politemigrantenheim in der uliza Obucha in Moskau verhaftet.[290] Im Verhör drei Tage später konfrontierte der Verhörführer Babakin Paul Schäfer mit dem Vorwurf, er sei von einem ausländischen Geheimdienst für die Spionage in der UdSSR angeworben worden.[291] Paul Schäfer erwiderte, dass er niemals Spionage betrieben habe und ihn auch niemand für eine solche Arbeit habe anwerben wollen. Als der Leiter des Verhörs seine Anschuldigung wiederholte und Paul Schäfer eine Vertuschung der Tatsachen vorwarf, antwortete Schäfer erneut, dass er die Wahrheit gesagt und nie als Spion gearbeitet habe. Anschließend wurde das Protokoll auf Russisch vorgelesen und Paul Schäfer gab seine Unterschrift.

Das zweite Verhör Paul Schäfers, von dem ein Protokoll existiert, fand erst 20 Tage später, am 2. April 1938, statt. Auffallend ist, dass sich die Aussagen von Paul Schäfer nun radikal änderten. Es ist sehr wahrscheinlich, dass er im Vorfeld des Verhöres bedroht oder körperlich misshandelt wurde und der NKWD ihm unter Zwang vorgab, mit welcher Geschichte er sich selbst belasten soll. Im zweiten Verhör drohte der Vernehmer Babakin:

„Die Ermittlungsorgane fordern Sie zum wiederholten Male auf, aufrichtig über Ihre Spionagetätigkeit zugunsten eines ausländischen Staates auszusagen. Falls Sie weiterhin versuchen werden, dies zu leugnen, werden Sie durch die Materialien der Ermittlungen überführt ...!“[292]

Daraufhin antwortete Paul Schäfer, nun „ehrliche und aufrichtige Aussagen“ über seine „Spionagetätigkeit zuguns-

290 GARF, f. 10035, op. 2, d. 3232, Strafakte Paul Schäfer, l. 25.

291 Ebenda, l. 11.

292 Ebenda, l. 13.

ten der deutschen Aufklärung" machen zu wollen.[293] In seinem Geständnis behauptete er, in Paris vom Sekretär Willi Münzenbergs, Johannes Schulz, angeworben worden zu sein. Mit diesem soll er sich im Juli 1935 in einem Café getroffen haben. Während des Treffens wurde Paul Schäfer nach seiner Aussage vom Sekretär Münzenbergs erpresst, für den deutschen Geheimdienst zu spionieren. Falls er sich weigere, würde seiner Mutter im Deutschen Reich etwas zustoßen. Schulz habe ihm den Auftrag erteilt, schnellstmöglich Arbeit in einem großen sowjetischen Industrieunternehmen anzunehmen und sich dort durch sehr gute Leistungen das Vertrauen der sowjetischen Organe zu erschleichen. Dabei solle er besonders auf die Industrie achten, die eine Rolle für die Verteidigung des Landes spiele.[294] Nach seiner Ankunft in der Sowjetunion würde sich, so Schäfer, bei ihm eine Person im Namen von Schulz melden und so seinen Kontakt zum deutschen Geheimdienst herstellen.

Auf die Frage von Babakin, wer denn nun in der Sowjetunion mit ihm in Kontakt getreten sei, antwortete Paul Schäfer, das sei Emil Kühn, der Chauffeur Willy Münzenbergs, gewesen, den er aus Paris kannte. Dieser habe ihn nach seiner Ankunft in Moskau im Dezember 1935 abgeholt. Kühn habe Schäfer dann gefragt, wie Schulz lebe und wie es ihm gehe. In diesem Moment habe Schäfer verstanden, dass Kühn der Kontaktmann sei, den ihm Schulz in Paris angekündigt hatte. Nach seiner Rückkehr aus Simferopol habe er sich dann vier bis fünf Mal mit Kühn getroffen – irgendwann im Juni oder Juli 1937 – bevor dieser nach Spanien gefahren sei.[295]

Danach wollte Babakin wissen, welche konkreten Informationen Paul Schäfer dem deutschen Geheimdienst geliefert habe. Paul Schäfer antwortete darauf, dass er durch Kontakt zum Zentralkomitee der Internationalen Roten Hilfe (MOPR)

---

293 Ebenda, l. 13.

294 GARF, f. 10035, op. 2, d. 3232, Strafakte Paul Schäfer, l. 15.

295 Ebenda, l. 16.

und der deutschen Sektion der Komintern gewusst habe, welche Kommunisten ins Deutsche Reich gereist seien, um dort illegal zu arbeiten. Er habe in diesem Zusammenhang die Namen von Willi Münzenberg und Fraben [?] genannt, die vom Exekutivkomitee der Komintern (EKKI) nach Deutschland geschickt worden seien. Außerdem habe er dem deutschen Geheimdienst über drei ihm bekannte Geheimwohnungen der KPD in Frankfurt am Main berichtet. Schäfer habe seine Kontakte zu politischen Emigranten in Moskau auch genutzt, um die deutsche Aufklärung über die Herstellung von Werkzeugmaschinen für die Waffenfabriken in Ordschonikidse sowie über die Sonderhallen zur Herstellung von militärischen Erzeugnissen im Stalin-Autowerk zu informieren.[296]

Gegen Ende des Verhöres fragte Babakin noch, welche Belohnung Schäfer für seine Arbeit erhalten habe. Er antwortete, er habe von Schulz in Paris vor seiner Abreise 1.200 Francs bekommen. Davon habe er 900 Francs für die Reise und

GARF

Paul Schäfer in Haft, März 1938

296 Ebenda, l. 16–17.

300 Francs für seinen Lebensunterhalt benötigt. Mit dieser Aussage endete das Verhör am 2. April 1938.[297]

Am 4. April 1938 wurde Schäfer erneut vernommen. Babakin stellte nur eine einzige Frage: „Sie wurden festgenommen, weil Sie auf dem Territorium der UdSSR eine Spionagetätigkeit zugunsten Deutschlands geführt haben. Gestehen Sie Ihre Schuld?“ Die Antwort Paul Schäfers sind die letzten Worte, die von ihm überliefert sind. Er bekannte sich schuldig, in der Zeit von 1935 bis 1937 auf dem Gebiet der UdSSR für Deutschland spioniert zu haben.[298]

Am 17. Mai 1938 wurde Paul Schäfer von einer sogenannten Sonderberatung des NKWD zum Tode verurteilt.[299] Dabei handelte es sich um ein geheimdienstliches Gremium, das außergerichtliche Urteile fällte und Strafen von der Verbannung bis zur Todesstrafe verhängen konnte.[300] Zwei Monate nach seiner Verurteilung wurde das Urteil vollstreckt. Paul Schäfer wurde am 26. Juli 1938 auf dem Erschießungsplatz Butowo bei Moskau erschossen[301] und in einem Massengrab vor Ort verscharrt.

Im „Geständnis“ von Paul Schäfer wurden reale Personen aus seinem Umfeld mit einer erfundenen Spionagegeschichte verquickt. Tatsächlich war Johannes (Hans) Schulz Münzenbergs Privatsekretär. Der „hochgewachsene, lahmbeinige, diskret-unauffällige Hans Schulz arbeitete oft bis drei oder vier Uhr morgens, um die plötzlichen Einfälle, die unablässig aus Willis fruchtbarem Gehirn sprudelten, in lesbare Form zu fassen,“ schilderte Babette Gross, Münzenbergs Lebensgefährtin, anschaulich den unermüdlichen Einsatz für seinen Chef.[302] Emil Kühn war der Fahrer und ein enger Vertrauter von

297 Ebenda, l. 17.

298 GARF, f. 10035, op. 2, d. 3232, Strafakte Paul Schäfer, l. 19.

299 Ebenda, l. 23.

300 Institut für Geschichte der Arbeiterbewegung (Hrsg.): In den Fängen des NKWD. Deutsche Opfer des stalinistischen Terrors in der UdSSR, Berlin 1991, S. 14f.

301 GARF, f. 10035, op. 2, d. 3232, Strafakte Paul Schäfer, l. 24.

302 Gross: Willi Münzenberg, S. 9.

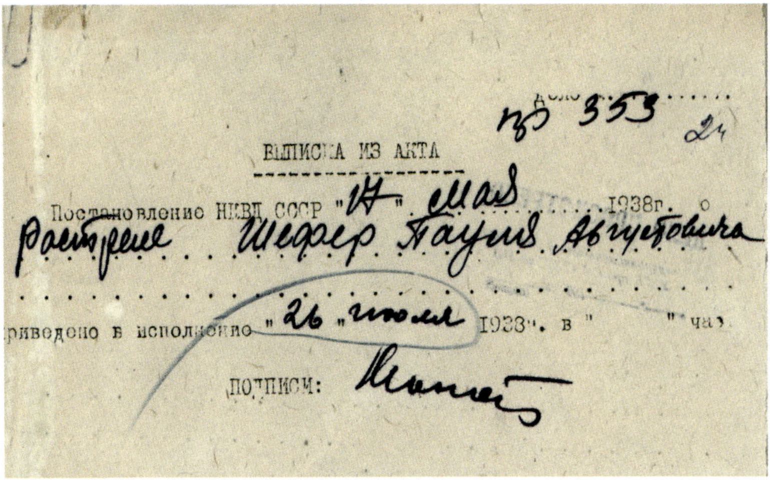

Дело № 353
24
ВЫПИСКА ИЗ АКТА
Постановление НКВД СССР "17" мая 1938г. о
расстреле Шефер Пауля Августовича
Приведено в исполнение "26" июля 1938г. в " " час.
ПОДПИСИ:

GARF

Protokollauszug über die Hinrichtung von Paul Schäfer

Übersetzung: Der Beschluss des NKWD der UdSSR vom 17. Mai 1938 über die Erschießung von Schäfer Paul Awgustowitsch wurde am 26. Juli 1938 vollzogen.

Münzenberg, gemeinsam mit seinem Chef reiste er letztmalig im Oktober 1936 in die Sowjetunion.[303] Deshalb konnte er Schäfer, wie dieser in seinem „Geständnis" erklärt hatte, gar nicht mehr im Juni oder Juli 1937 in Moskau getroffen haben.

Welchen Sinn sollte es machen, dass Paul Schäfer Informationen über Münzenberg an zwei angebliche deutsche Spione weitergab, die als Sekretär und Fahrer Münzenberg viel näher kannten und damit seine Pläne viel besser an die Deutschen hätten verraten können als er selbst? Auch arbeitete Schäfer nicht in einem militärisch wichtigen Industriebetrieb, sondern in einer Schuhfabrik. Er konnte also gar keine Informationen aus erster Hand über die sowjetische Kriegsindustrie beschaffen. Zu einem ähnlichen Schluss kamen die Sowjetorgane im darauffolgenden Jahr selbst.

303 Ebenda, S. 300–302.

Am 31. Januar 1939 schrieb Anna Löchner an das Zentralkomitee der Kommunistischen Allunions-Partei (Bolschewiki) in der Angelegenheit ihres Mannes und bat darum, „diese zu überprüfen".[304] Möglicherweise hat sie damit eine erneute Untersuchung der Strafsache gegen Paul Schäfer angestoßen. Michail Pankratjew, der im Mai 1939 sein Amt als sowjetischer Generalstaatsanwalt angetreten hatte, wies eine Überprüfung der Sachlage an.[305] Nun begutachtete Militärjurist Safonow des Wehrkreises Moskau die Strafakte von Paul Schäfer und erkundigte sich am 26. Juli 1939 beim Zentralkomitee der MOPR, ob Paul Schäfer und Emil Kühn dort bekannt seien.[306] Die MOPR antwortete, dass weder Schäfer noch Kühn dort gearbeitet hätten. Diese Ungereimtheiten sorgten dafür, dass die Militärstaatsanwaltschaft des Wehrkreises Moskau den Militäruntersuchungsrichter Tanasewitsch ersuchte, die Ermittlungen in der Strafsache Paul Schäfer erneut aufzunehmen, was am 20. November 1939 geschah. Zusammen mit dem Militärjuristen Ankudinow überprüfte Tanasewitsch daraufhin die Aussagen von Paul Schäfer und stellte zu diesem Zweck weitere Anfragen an das Zentralkomitee der MOPR, das Exekutivkomitee der Komintern und das Einwohnermeldeamt von Moskau. Nach Abschluss dieser Ermittlungen verfasste Militäruntersuchungsrichter Boldyrew, der auch in der Militärstaatsanwaltschaft des Wehrkreises Moskau arbeitete, am 20. Januar 1940 ein abschließendes Gutachten zur Strafakte Paul Schäfers. Sein Befund lautete:

„Schäfer wurde verhaftet, weil man ihn der Spionage verdächtigte. Dieser Vorwurf wurde später ausschließlich auf dem Geständnis und den Aussagen des Beschuldigten begründet. Weitere Beweise für Schäfers Schuld befinden sich in der Akte nicht."[307]

---

304 GARF, f. 10035, op. 2, d. 3232, Strafakte Paul Schäfer, l. 30.

305 Ebenda, l. 45f.

306 Ebenda, l. 27ff.

307 Ebenda, l. 45.

Die Überprüfung der Sachlage habe vielmehr ergeben, „dass die Aussagen und Geständnisse von Schäfer P. A. fiktiv sind und nicht der Wirklichkeit entsprechen“.[308] Emil Kühn sei weder im Zentralkomitee der MOPR, noch im Einwohnermeldeamt von Moskau verzeichnet gewesen. Auch seien Münzenberg und Fraben nie für eine illegale Tätigkeit nach Deutschland geschickt worden.

Militäruntersuchungsrichter Boldyrew sah es als bewiesen an, dass die Ermittlungsorgane die Strafsache Schäfer frei erfunden hatten und der Beschuldigte demzufolge ohne Grund verurteilt und erschossen worden war. Boldyrew kam zu dem Schluss, dass der Untersuchungsrichter Babakin, der Schäfer verhört und ihn offensichtlich zu seinem Geständnis gezwungen hatte, strafrechtlich belangt werden müsse. Eine Bestrafung von Sorokin und Jakubowitsch, die als NKWD-Mitarbeiter für Festnahme und Anklage Schäfers verantwortlich waren, forderte Boldyrew nur deshalb nicht, weil beide zu diesem Zeitpunkt bereits wegen anderer Vergehen verurteilt waren.[309] Das Gutachten Boldyrews schloss mit der Empfehlung, „gegen den Beschluss der Sonderberatung des NKWD in der Strafsache Schäfer vom 17.5.1938 einen Einspruch über den Staatsanwalt der UdSSR Gen[ossen] Pankratjew einzulegen“, und das Urteil gegen Schäfer als „unbegründet“ aufzuheben. Nach der Strafakte kam es damals aber nicht zu dieser posthumen Revision des Todesurteils gegen Paul Schäfer.

Erst 1989 wurde Paul Schäfer von der Sowjetunion rehabilitiert.[310] Grundlage war ein Beschluss des Präsidiums des Obersten Sowjets vom 16. Januar 1989 „Über die zusätzlichen Maßnahmen zur Wiederherstellung der Gerechtigkeit hinsichtlich der Opfer von Repressalien, die in den 1930er–1940er Jahren sowie Anfang der 1950er Jahre stattgefunden haben“. Wieder waren die Militärjustiz und der

---

308 Ebenda, l. 45.

309 Ebenda.

310 Ebenda, l. 45f.

Geheimdienst federführend. Der Beschluss in der Strafsache Paul Schäfer wurde von Oberst J. S. Jakowlew, einem stellvertretenden Abteilungsleiter der Moskauer KGB-Verwaltung, am 31. August 1989 ausgefertigt, vom Staatsanwalt der Abteilung am 12. September unterzeichnet und vom Militärstaatsanwalt des Wehrkreises Moskau am 13. September bestätigt.[311]

311 Ebenda, l.46.

Die Legende vom Spanientod und die Führung der DDR

Hulda Schäfer wusste, dass ihr Mann von Frankreich aus in die Sowjetunion gereist war. Dies konnte sie aus Andeutungen in zwei Briefen schließen, die Paul Schäfer im Sommer 1935 aus Paris an seinen Sohn Hubert in Erfurt geschickt hatte. Dort schrieb er „ich fahre in ein anderes Land" und „ich war schon einmal dort".[312]

In ihrem Lebenslauf, der in ihrer VdN-Akte enthalten ist, schrieb Hulda Schäfer 1950: „1933 mußte mein Mann in Emigration und ging nach Moskau. Von dort aus wurde er nach Spanien geschickt um an den Befreiungskämpfen teilzunehmen."[313] Direkt nach dem Krieg und bis in die 1950er Jahre wurde die Emigration Paul Schäfers in die Sowjetunion noch selbstverständlich erwähnt und nicht aus seinem Lebenslauf getilgt, wie es dann später der Fall werden sollte. Es ist davon auszugehen, dass die Information über die Emigration Paul Schäfers nach Moskau auf den Bericht von Hulda Schäfer zurückging und von dort Eingang in die Dokumente und Darstellungen fand. Paul Schäfers Aufenthalt in der Sowjetunion war also zunächst kein Tabu, nur seine Ermordung durch den sowjetischen Geheimdienst im Juli 1938 wurde verschwiegen. Die Reise in die Sowjetunion wurde in dieser frühen Darstellung zu einer Zwischenstation, auf die dann die Weiterreise nach Spanien und der Tod dort folgten.

312 Die Zitate aus den Briefen wurden 1987 von der Betriebsgeschichtskommission der SED notiert. Als Quelle wurde Gerda Schäfer, geborene Pätzold, die Frau von Hubert Schäfer, angegeben. StadtA Erfurt, 5/421-E-1, Schuhfabrik „Paul Schäfer", Bd. 5, unpaginiert.

313 LATh – HStA Weimar, Bezirkstag und Rat des Bezirkes Erfurt, VdN-Akte Nr. 2674, Bl. 12.

Durch die Quellen aus dem Bundesarchiv und aus Moskauer Archiven,[314] die vom Ausstellungsteam des Erinnerungsortes Topf & Söhne für seine Forschungen ausgewertet und in den vorherigen Kapiteln dargestellt wurden, ist zweifelsfrei belegt, dass Paul Schäfer nach seiner Ankunft in der Sowjetunion das Land bis zu seinem Tod nicht mehr verlassen hat. Aber auch die Gegenprobe, die Überprüfung der Quellen zum Bürgerkrieg in Spanien, beweisen, dass zu keinem Zeitpunkt ein Mitglied der Internationalen Brigaden namens Paul Schäfer gegen die Truppen Francos gekämpft hatte.

Im Februar 1936 hatte in Spanien ein von republikanischen, linksbürgerlichen, sozialistischen und kommunistischen Parteien gebildetes „Volksfront"-Bündnis die Wahlen gewonnen und eine Regierung gebildet. Im Juli begann mit dem Putschversuch von General Franco gegen diese Regierung der Bürgerkrieg. Francos Truppen wurden vom nationalsozialistischen Deutschland und dem faschistischen Italien unterstützt. Auf Seiten der Republik kämpften Zehntausende Freiwillige überwiegend aus Europa und zu einem Teil aus Amerika, ihre Zahl betrug rund 32.000.[315] Wegen ihres intensiven Kampfeinsatzes brachten sie besonders hohe Opfer: Rund 15 Prozent von ihnen starben, 18 Prozent wurden vermisst und rund 14 Prozent verwundet.[316] Die Freiwilligen aus dem Ausland waren

314 BArch, RY 1-393, Anschreiben von Wilhelm Pieck an Walter Ulbricht und andere Mitglieder der Exilleitung, 25. Juni 1938, und Liste mit 158 verhafteten KPD-Mitgliedern, 21. Juni 1938; Bl. 234–255, der Hinweis auf Paul Schäfer findet sich auf Bl. 239; GARF, f. 10035, op. 2, d. 3232, Strafakte Paul Schäfer; RGASPI, f. 495, op. 205, d. 7385, Kaderakte Paul Schäfer.

315 André Marty, der höchste Funktionär der Kommunistischen Internationale in Spanien, berichtete am 26. August 1939 dem Exekutivkomitee der Komintern, dass es 32.165 Interbrigadisten, unter ihnen 2.212 Deutsche und 868 Österreicher gab, RGASPI, f. 495, op. 20, d. 282, l. 171. Möglicherweise wurden 2.000 weitere Interbrigadisten in den Wirren Ende 1936/Anfang 1937 aktenmäßig nicht erfasst. Die Gesamtzahl der Interbrigadisten war jedoch nie höher als 34.000. Für diese und weitere Hinweise zu den Interbrigaden danken wir Werner Abel.

316 Rémi Skoutelski: Novedad en el frente. Las Brigadeas Internationales en la Guerra Civil, Madrid 2006, S. 457. Eine Übersicht über die Forschungslage zur Größe der Internationalen Brigaden findet sich bei: Michael Uhl: Mythos Spanien. Das Erbe der internationalen Brigaden in der DDR, Bonn 2004, S. 44ff.

in sieben Internationalen Brigaden organisiert, ein Großteil der rund 2.200 deutschen und rund 900 österreichischen Interbrigadisten gehörten der XI. Brigade an. Innerhalb dieser Brigade wurden die Deutschen vor allem dem Thälmann-Bataillon und dem Edgar-André-Bataillon zugewiesen.[317]

Die Internationalen Brigaden waren nominell überparteilich, doch die Komintern nahm Einfluss auf die Besetzung der führenden Positionen. Die Sowjetunion unterstützte den Krieg maßgeblich mit Militärs und Waffenlieferungen.[318] Mitarbeiter des sowjetischen Geheimdienstes waren dabei an der Inhaftierung und Ermordung von antistalinistischen Linken beteiligt. So wurde der Mord an dem Führer der linkskommunistischen POUM Andreu Nin von Alexander Orlow, dem Beauftragten des NKWD in Spanien, organisiert.

Der Bürgerkrieg endete 1939 mit dem Sieg Francos, der bis zu seinem Tod 1975 als Diktator herrschte. In der DDR wurden die Interbrigaden ein wichtiger Bezugspunkt des antifaschistischen Selbstverständnisses. Verschwiegen wurden ihre politische Heterogenität und die Rolle der Sowjetunion bei den politischen Säuberungen.

Aus dem Bürgerkrieg sind zahlreiche Listen mit Namen der ausländischen Freiwilligen erhalten. Diese waren Teil der Unterlagen der Internationalen Brigaden und der Kommission für ausländische Kader beim ZK des PCE, der kommunistischen Partei Spaniens. Diese Akten wurden Ende 1938/Anfang 1939 in die UdSSR gebracht und befinden sich heute im Moskauer Archiv der Russischen Föderation für sozialpolitische Geschichte, dem RGASPI, im Fonds 545.[319] Auf

317 Angela Berg: Die Internationalen Brigaden im Spanischen Bürgerkrieg 1936–1939, Essen 2005, S. 65; Patrick von zur Mühlen: Spanien war ihre Hoffnung, in: der Freitag, 07.07.2006, https://www.freitag.de/autoren/der-freitag/spanien-war-ihre-hoffnung [Zugriff: 2. November 2018].

318 Walther L. Bernecker: Krieg in Spanien 1936–1939, Darmstadt 2005², S. 133–137, 141–44.

319 Diesen Hinweis verdanken wir dem Experten für den Spanischen Bürgerkrieg Werner Abel. Er stellte uns auch alle in diesem Buch aufgeführten Dokumente aus dem Fonds 545 zur Verfügung.

keiner dieser Listen findet sich der Name von Paul Schäfer. Zudem wurden alle kommunistischen Emigranten, die vom Ausland in die Sowjetunion gekommen waren und von dort nach Spanien geschickt wurden, in einer Liste erfasst, die sich ebenfalls im Fonds 545 im RGASPI befindet. Da die Sowjetunion im Sprachgebrauch der Komintern aus konspirativen Gründen „Mexiko“ genannt wurde, hieß diese Aufzählung „Liste der Mexikaner“.[320] Wäre Paul Schäfer aus der UdSSR nach Spanien geschickt worden, hätte er sich auf dieser Liste befinden müssen.

Im RGASPI befindet sich außerdem eine Liste mit Kurzcharakteristika der Spanienkämpfer, die 1937 und 1938 zur deutschen Sprachengruppe gehörten, also Deutsche, Österreicher, Schweizer, Niederländer und Skandinavier.[321] Diese Kurzcharakteristika wurden von Gustav Szinda 1939/1940 in Moskau auf der Basis der Akten der Kaderabteilung aus dem Hauptquartier der internationalen Brigaden im spanischen Albacete und der Kommission für ausländische Kader beim ZK der PCE verfasst. Der 1897 in Ostpreußen geborene Maschinenschlosser und KPD-Funktionär Gustav Szinda war im Oktober 1936 nach Spanien gekommen und dort von Februar bis Juli 1937 Kommandeur des Etkar-André-Bataillons, danach bis September 1937 Stabschef der XI. Brigade gewesen. Vom Oktober 1937 bis Januar 1938 leitete er die Spionageabwehr der Interbrigaden und dann bis März 1938 die KPD-Abwehr in Barcelona. Im März 1938 war er kurzzeitig Kommandeur der XI. Brigade. Im Juli 1938 wurde er in die Kommission für ausländische Kader beim ZK der PCE berufen, deshalb verfasste er dann in Moskau später diese Charakteristika. In der DDR machte Szinda Karriere beim Ministerium für Staatssicherheit und

---

320 Auch diesen Hinweis verdanken wir Werner Abel. Eine Kopie dieser Liste befindet sich im Bundesarchiv. BArch, SgY11/V 237/1/2, Bl. 1–37.

321 Werner Abel/Enrico Hilbert/Harald Wittstock: „Sie werden nicht durchkommen!“. Deutsche an der Seite der Spanischen Republik und der sozialen Revolution, Bd. 2, Lich/Hessen 2016, S. 12.

stieg bis zum Generalmajor auf.[322] Auch wenn die von Szinda alphabetisch aufgelisteten Kurzcharakteristika einige Lücken aufweisen, erscheint es doch augenfällig: Er führt unter Nr. 1694 einen Max Schäfer und unter Nr. 1695 einen Walter Schäfer auf. Einen Paul Schäfer gibt es nicht.[323]

Vermutlich brach der Kontakt zwischen Hulda Schäfer und ihrem Mann nach seiner Reise in die Sowjetunion ab. Es ist davon auszugehen, dass Hulda Schäfer während der Kriegsjahre in Erfurt keine Informationen hatte, wie das Leben ihres Mannes weiterging. Bei Kriegsende – Erfurt wurde am 12. April 1945 von amerikanischen Truppen befreit – lebte sie mit ihrem jüngsten, damals 18-jährigen Sohn Horst in der Dortmunder Straße 19. Der sieben Jahre ältere, mittlere Sohn Heinz galt als vermisst. Dass der älteste der drei Söhne, Hubert, sechs Jahre älter als Heinz und 13 Jahre älter als Horst, gefallen war, wusste die Familie dagegen schon.

Nach Kriegsende entstanden in allen vier Besatzungszonen, oftmals spontan und von den Alliierten anerkannt, Ausschüsse für die Opfer des Faschismus (OdF). Gegründet wurden sie von Nazigegnern und ehemals Verfolgten, insbesondere von Häftlingen der Konzentrationslager.[324] Auch in Erfurt nahm ein „Ausschuss Opfer des Faschismus“ seine Arbeit auf. Als die Stadt wie ganz Thüringen am 3. Juli 1945 von den amerikanischen Militärs an die sowjetische Armee übergeben und damit Teil der Sowjetischen Besatzungszone (SBZ) wurde, integrierte die Militärkommandantur den Ausschuss in die Stadtverwaltung.[325]

---

322 Werner Abel/Enrico Hilbert: „Sie werden nicht durchkommen!“. Deutsche an der Seite der Spanischen Republik und der sozialen Revolution, Bd. 1, Lich/Hessen 2015, S. 506; Hermann Weber/Andreas Herbst: Deutsche Kommunisten. Supplement zum Biographischen Handbuch 1918 bis 1945, Berlin 2013, S. 240f.

323 RGASPI, f. 545, op. 6, d. 30, l. 57. Das Dokument wurde uns von Werner Abel zur Verfügung gestellt. Er und Wladislaw Hedeler gaben uns dazu weitere Informationen.

324 Elke Reuter/Detlef Hansel: Das kurze Leben der VVN von 1947 bis 1953. Die Geschichte der Verfolgten des Nazi-Regimes in der SBZ und DDR, Berlin 1997, S. 71.

325 Ebenda, S. 77.

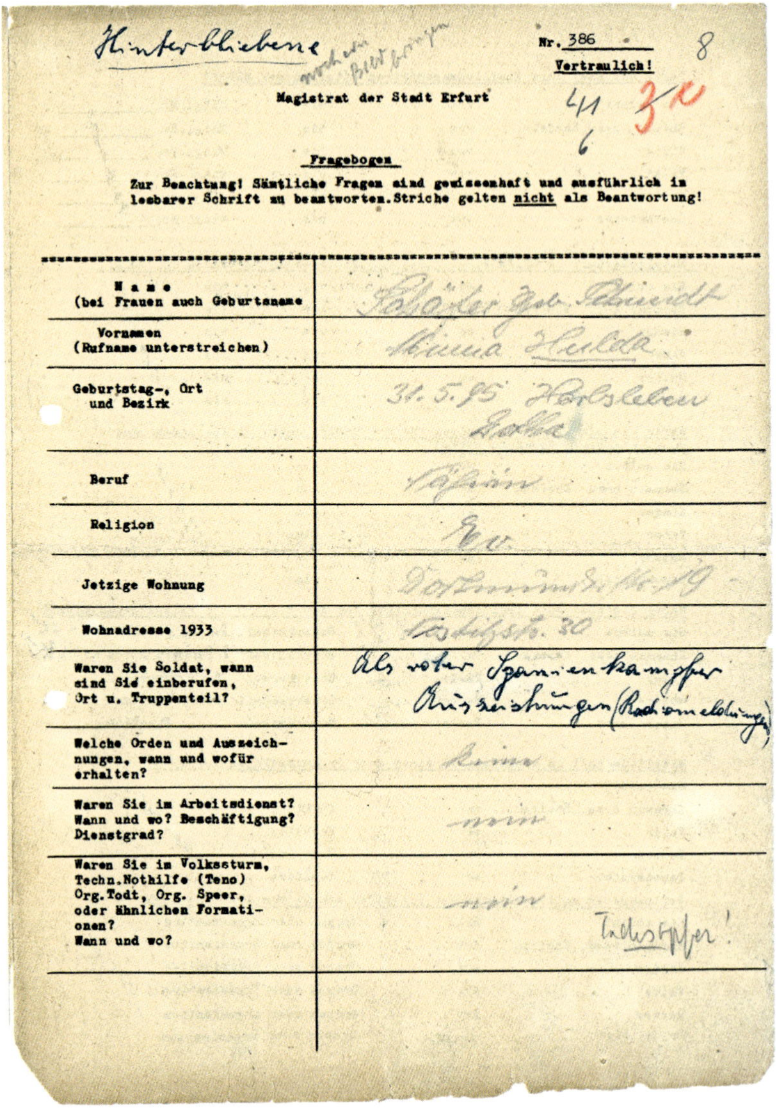

Hinterbliebene

Nr. 386

Vertraulich!

Magistrat der Stadt Erfurt

Fragebogen

Zur Beachtung! Sämtliche Fragen sind gewissenhaft und ausführlich in lesbarer Schrift zu beantworten. Striche gelten nicht als Beantwortung!

Name (bei Frauen auch Geburtsname)	Schäfer geb. Schmidt
Vornamen (Rufname unterstreichen)	Minna Hulda
Geburtstag-, Ort und Bezirk	31.5.95
Beruf	
Religion	Ev.
Jetzige Wohnung	
Wohnadresse 1933	
Waren Sie Soldat, wann sind Sie einberufen, Ort u. Truppenteil?	Als roter Spanienkämpfer (Radiomeldungen)
Welche Orden und Auszeichnungen, wann und wofür erhalten?	keine
Waren Sie im Arbeitsdienst? Wann und wo? Beschäftigung? Dienstgrad?	nein
Waren Sie im Volkssturm, Techn. Nothilfe (Teno) Org. Todt, Org. Speer, oder ähnlichen Formationen? Wann und wo?	nein

LATh – HStA Weimar

Von Hulda Schäfer ausgefüllter Fragebogen, 27. November 1945

Das Formular ist Teil ihres Antrags auf Anerkennung als Hinterbliebene eines Opfers des Faschismus. Karl Reimann fügte in blauer Schrift den Hinweis „als roter Spanienkämpfer […] (Radiomeldungen)“ hinzu.

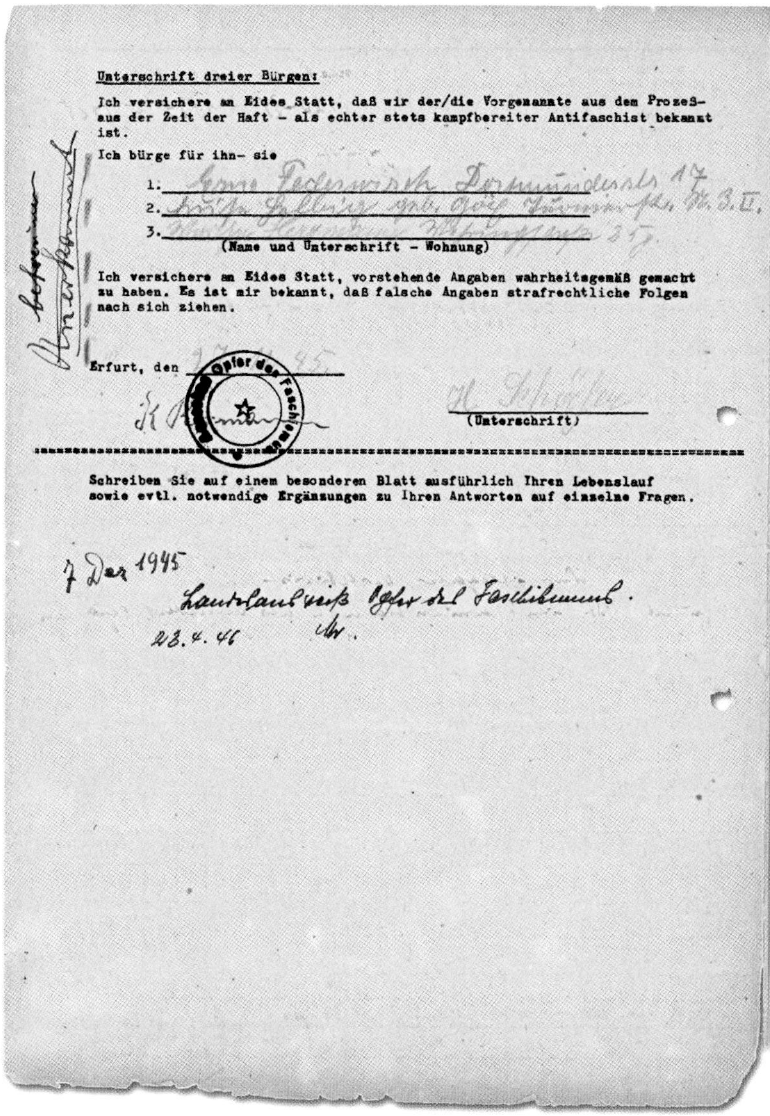

Unterschrift dreier Bürgen:

Ich versichere an Eides Statt, daß wir der/die Vorgenannte aus dem Prozeß- aus der Zeit der Haft – als echter stets kampfbereiter Antifaschist bekannt ist.

Ich bürge für ihn- sie

1. ______________________

2. ______________________

3. ______________________

(Name und Unterschrift – Wohnung)

Ich versichere an Eides Statt, vorstehende Angaben wahrheitsgemäß gemacht zu haben. Es ist mir bekannt, daß falsche Angaben strafrechtliche Folgen nach sich ziehen.

Erfurt, den ______________

(Unterschrift)

Schreiben Sie auf einem besonderen Blatt ausführlich Ihren Lebenslauf sowie evtl. notwendige Ergänzungen zu Ihren Antworten auf einzelne Fragen.

Der Antrag wurde von Karl Reimann (links) und Hulda Schäfer (rechts) unterschrieben.

Am 27. November 1945 ging Hulda Schäfer zum Erfurter „Ausschuss Opfer des Faschismus", der sein Büro am Anger 23 hatte und inzwischen zur Stadtverwaltung gehörte. Als Nr. 386 gab sie dort einen von ihr ausgefüllten Fragebogen ab, um Anerkennung und Unterstützung als Hinterbliebene eines Opfers des Faschismus zu erlangen (siehe S. 128/129). Dieser Fragebogen war darauf ausgerichtet, die Verfolgungsumstände und Haftzeiten im Nationalsozialismus zu dokumentieren, um eine Unterstützung zu rechtfertigen. Diesbezügliche Fragen nach Verhaftung, Gerichtsurteil, Prozess, Strafanstalt und Konzentrationslager beantwortete Hulda Schäfer wahrheitsgemäß mit „nein", womit sie ihre Chancen auf Anerkennung als „Opfer des Faschismus" minimierte. Entgegen genommen und mit Unterschrift und Stempel „Opfer des Faschismus" zum amtlichen Dokument erklärt wurde der Fragebogen von Karl Reimann. Dass es sich bei diesem Karl Reimann um jenen Kommunisten handelte, der seit der Gründung des KZ Buchenwald bis zum Kriegsende dort inhaftiert und nach der Befreiung in der Such- und Auskunftsstelle für ehemalige KZ-Häftlinge in Erfurt tätig gewesen war,[326] konnte durch den Vergleich seiner Unterschrift mit einem handschriftlichen Bericht Reimanns aus dem Archiv der Gedenkstätte Buchenwald zweifelsfrei bestätigt werden.[327] Der Vertreter des „Ausschusses Opfer des Faschismus", der den Fragebogen von Hulda Schäfer am 27. November 1945 entgegennahm, und der ehemalige KZ-Häftling sind also mit Sicherheit dieselbe Person.

Karl Reimann war wie der fünf Jahre ältere Paul Schäfer seit 1919 Mitglied der KPD und stammte aus Ilmenau. 1921 hatte er sich der Gruppe um Karl Plättner angeschlossen, ein proletarischer Sozialrebell, der nach der Novemberrevolution enttäuscht von der SPD erst zur KPD und dann zu deren linksextremen Abspaltung Kommunistische Arbeiterpartei (KAPD) gestoßen war. Die Gruppe verübte Bandenüberfälle auf

326 Weber/Herbst: Deutsche Kommunisten, S. 714f.

327 Dank an Harry und Sabine Stein für die Bereitstellung dieser Schriftprobe.

Banken und Werkskassen und nahm damit die „Expropriation der Expropriateure“ in die eigene Hand, achtete aber bei ihren Aktionen sorgfältig darauf, dass Menschenleben nicht gefährdet wurden.[328] Karl Plättner saß für diese Vergehen von 1922 bis 1928 im Gefängnis, Karl Reimann von 1921 bis 1926. Nach seiner Haftentlassung wurde Karl Reimann Leiter der Roten Hilfe Deutschlands (RHD) in Thüringen und blieb dies bis zum Verbot durch die Nationalsozialisten 1933.[329] Die Rote Hilfe Deutschlands hatte in ihrer Arbeit viele Berührungspunkte mit der Internationalen Arbeiterhilfe (IAH), deren Thüringer Sektion Paul Schäfer zur gleichen Zeit leitete. Während die IAH als Solidaritätsnetzwerk insbesondere soziale Unterstützung bot, lag der Schwerpunkt der RHD, die ausgehend von Deutschland ebenfalls international organisiert war, auf der Unterstützung von politischen Gefangenen und ihrer Familien. Da die IAH und die RHD zusammenarbeiteten, kann davon ausgegangen werden, dass Karl Reimann sowohl Paul Schäfer und auch dessen Frau Hulda aus der Zeit der Weimarer Republik kannte.

Karl Reimann, erfahrener Kommunist mit unangepasster Vergangenheit, wusste, dass Hulda Schäfer ohne Belege für die nationalsozialistische Verfolgung ihres Mannes keine Chance auf Unterstützung hatte. Womöglich besaß er auch die Information, dass Paul Schäfer 1938 vom sowjetischen Geheimdienst im Moskau ermordet worden war, gab es doch Häftlinge im KZ Buchenwald, die nach dem Stalin-Hitler-Pakt 1939 von sowjetischen Geheimdienst an die Gestapo ausgeliefert worden waren. Ob ihm Paul Schäfers Schicksal tatsächlich bekannt war, wird sich nicht mehr herausfinden lassen. Sicher ist jedoch, dass Karl Reimann in den Fragebogen von Hulda Schäfer vom 27. November 1945 zwei Angaben hineinschrieb, die das erste Mal einen Aufenthalt und Tod Paul Schäfers in Spanien behaupten. Auf die vorgegebene Frage „Waren

328 Volker Ullrich: Der ruhelose Rebell. Karl Plättner 1893–1945. Eine Biographie, München 2000.

329 Weber/Andreas: Deutsche Kommunisten, S. 678f., 714.

Sie Soldat, wann sind Sie einberufen, Ort und Truppenteil?" antwortete Karl Reimann für Paul Schäfer: „Als Roter Spanienkämpfer. Auszeichnungen (Radiomeldungen)". Und unter „Bemerkungen" notierte er: „War illegaler Aktivist und ist im Spanienkampf als General gefallen".[330] Mit der Behauptung, Paul Schäfer sei als „General" gefallen, übertrieb er maßlos, denn in den Interbrigaden gab es nur fünf Generäle und diese sind alle bekannt: den Deutschen Wilhelm Zaisser (General José Gómez), den aus der Bukowina stammenden Manfred Stern (General Emilio Kléber), den Ungarn Máté Zalka (General Lukács), den Ungarn János Gálicz (General Gal) und den Polen Karol Świerczewski (General Walter).[331]

Später wurde die Behauptung, Paul Schäfer sei in Spanien gefallen, zu zwei sich widersprechenden Geschichten ausgeschmückt, je später sie entstanden, desto konkreter war die Schilderung. Eine erste Version wurde 1946 von Ernst Erich Kops, Vorstandsmitglied der SED Thüringen, in einem Brief an Hulda Schäfer beschrieben. Demnach soll Paul Schäfer als Offizier einer Panzereinheit bei einem Tankangriff gefallen sein.[332] Diese Version wurde von Karl Reimann in seinem mit „Biographie von Paul Schäfer. Widerstands- und Spanienkämpfer" übertitelten einseitigen Text ausgeschmückt, den er am 18. Juli 1951 in Erfurt verfasste und der im Bundesarchiv als Typoskript überliefert ist:

„1933/34 ging er wieder in die Sowjetunion, nach Moskau, und von dort nach Spanien. [...] Die Meldungen von seiner guten Tätigkeit in Spanien drangen bis in das Lager Buchenwald, wo seine Freunde zum Teil inhaftiert waren, bis im Jahr 1937 über den Moskauer Sender sein Tod als Offizier einer Panzereinheit gemeldet wurde. [...] Paul Schäfer hat sein Versprechen, bis zum Tod für die proletarische Sache zu kämpfen, gehalten. In

330 LATh – HStA Weimar, Bezirkstag und Rat des Bezirkes Erfurt, VdN- Akte Nr. 2674, Bl. 8f.

331 Diesen Hinweis verdanken wir Werner Abel.

332 LATh – HStA Weimar, Bezirkstag und Rat des Bezirkes Erfurt, VdN- Akte Nr. 2674, Bl. 15.

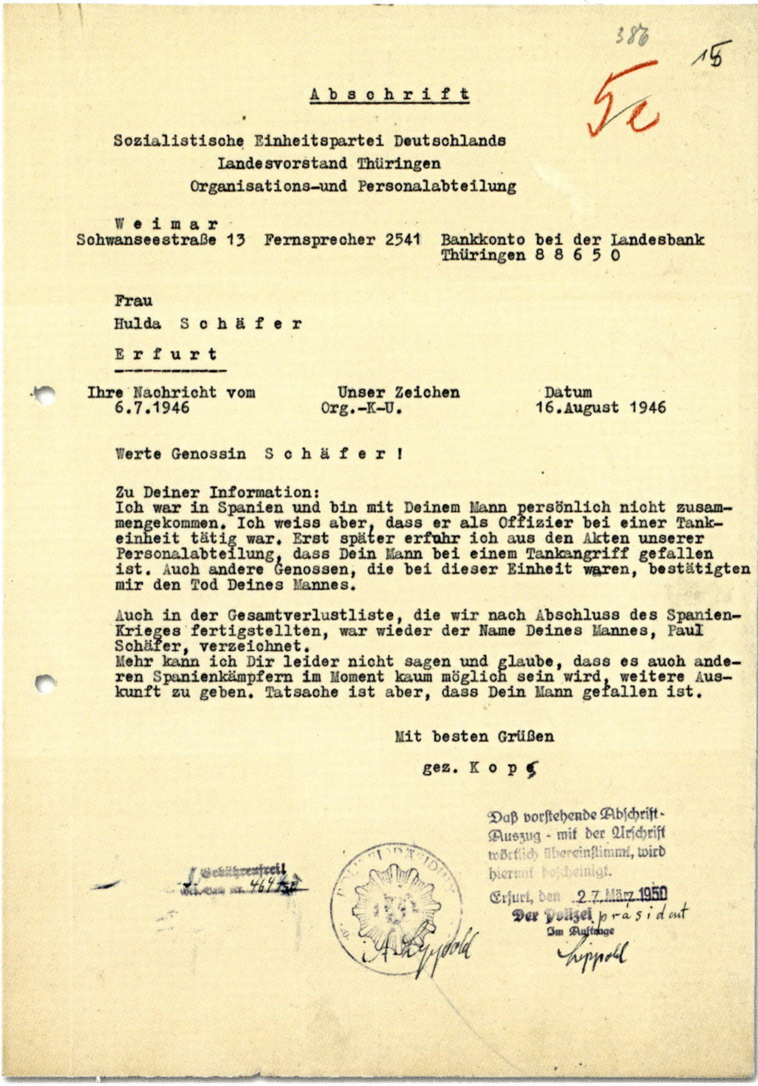

Abschrift

Sozialistische Einheitspartei Deutschlands
Landesvorstand Thüringen
Organisations-und Personalabteilung

Weimar
Schwanseestraße 13 Fernsprecher 2541 Bankkonto bei der Landesbank Thüringen 8 8 6 5 0

Frau
Hulda Schäfer
Erfurt

Ihre Nachricht vom	Unser Zeichen	Datum
6.7.1946	Org.-K-U.	16.August 1946

Werte Genossin Schäfer!

Zu Deiner Information:
Ich war in Spanien und bin mit Deinem Mann persönlich nicht zusammengekommen. Ich weiss aber, dass er als Offizier bei einer Tankeinheit tätig war. Erst später erfuhr ich aus den Akten unserer Personalabteilung, dass Dein Mann bei einem Tankangriff gefallen ist. Auch andere Genossen, die bei dieser Einheit waren, bestätigten mir den Tod Deines Mannes.

Auch in der Gesamtverlustliste, die wir nach Abschluss des Spanien-Krieges fertigstellten, war wieder der Name Deines Mannes, Paul Schäfer, verzeichnet.
Mehr kann ich Dir leider nicht sagen und glaube, dass es auch anderen Spanienkämpfern im Moment kaum möglich sein wird, weitere Auskunft zu geben. Tatsache ist aber, dass Dein Mann gefallen ist.

Mit besten Grüßen

gez. Kops

Daß vorstehende Abschrift-Auszug - mit der Urschrift wörtlich übereinstimmt, wird hiermit bescheinigt.
Erfurt, den 27. März 1950
Der Polizeipräsident
Im Auftrage
Lippold

LATh – HStA Weimar

Brief von Erich Kops, Landesvorstand der SED Thüringen, an Hulda Schäfer, 16. August 1946

weiteren Kreisen Thüringens bekannt, wird er geachtet und als Mahner in guter Erinnerung bleiben."[333]

Tatsächlich sendete Radio Moskau[334] deutschsprachige Programme, die auch im KZ Buchenwald illegal empfangen werden konnten. Dennoch ist es unmöglich, dass auf diesem Weg die Information über einen Todesfall im Spanischen Bürgerkrieg im März 1937 Häftlinge im KZ Buchenwald erreichte. Dieses KZ wurde erst im Juli 1937 und damit vier Monate nach dem angeblichen Tod von Paul Schäfer errichtet. Zudem war der politische Widerstand im Lager erst Jahre später und keinesfalls in den Anfangsmonaten so gut organisiert, dass er über technischen Möglichkeiten zum Empfang von „Feindsendern" verfügte. Mit dem Verweis auf den Moskauer Sender, über den die „Freunde" Paul Schäfers angeblich von dessen Tod erfuhren, machte Karl Reimann sich indirekt selbst zum Zeugen. Denn er gehörte zu der Generation von Häftlingen, die aus dem KZ Lichtenburg nach Weimar kommend das KZ Buchenwald errichten mussten und dort bis zur Befreiung inhaftiert waren.[335]

Die zweite Version ist in einem Bericht über das Leben von Paul Schäfer enthalten, der 1968 auf Bitten des hohen SED-Funktionärs Fritz Rettmann, auch ein ehemaliger Spanienkämpfer in Berlin, von sechs Verwandten, politischen Weggefährten von Paul Schäfer und Spanienkämpfern in Erfurt verfasst wurde. Von den sechs Unterzeichnern dieses Berichtes sind drei bekannt: Frieda Dahms war die Schwester von Hulda Schäfer und damit die Schwägerin von Paul Schäfer. Sie arbeitete ebenfalls bei Lingel und wurde dort 1945 Mitglied des Betriebsrates. Adolf Helbing hatte mit Paul Schäfer in der KPD und der Internationalen Arbeiterhilfe zusammengearbeitet und wurde nach dem Krieg politischer Leiter der

333 BArch, DY 55-V 278/6/1629, Bl. 1.

334 Conrad Pütter: Rundfunk gegen das „Dritte Reich". Deutschsprachige Rundfunkaktivitäten im Exil 1933–1945, München/London/New York/Oxford/Paris 1986, S. 257–269.

335 Weber/Herbst: Deutsche Kommunisten, S. 714.

KPD-Ortsgruppe Erfurt-Süd.[336] Georg Heinzmann war ehemaliger Spanienkämpfer.[337] Dort berichtet ein „Augenzeuge“ über die Todesumstände. Nach dieser Version wurde Paul Schäfer im März 1937 als Offizier eines Meldezuges an der Guadalajara-Front nordöstlich von Madrid erschossen. Laut Bericht wollte er am 9. März 1937 gemeinsam mit dem Melder Walter Germann zu Fuß die Stellung italienischer Faschisten erkunden. Von diesem Patrouillengang seien die beiden nicht zurückgekehrt. Beide sollen mit militärischen Ehren im nahegelegenen Dorf Torija beigesetzt worden sein.[338]

Diese Darstellung tauchte 1974 leicht variiert als Bericht von Erich Kurschinski in dem Band „Brigada Internacional ist unser Ehrenname ... Erlebnisse ehemaliger deutscher Spanienkämpfer“ auf, der vom Militärverlag der DDR herausgegeben wurde. Erich Kurschinski war selbst ehemaliger Spanienkämpfer im Etkar-André-Bataillon.[339] Ab 1942 war er im KZ Buchenwald inhaftiert, nach dem Krieg lebte er in Erfurt und wurde Offizier der Nationalen Volksarmee.[340] In dem Band beschreibt Kurschinski, wie er Paul Schäfers Leiche fand. Sein Bericht, den die SED-Bezirksleitung Erfurt 1985 in ihrem Buch „Spanienkämpfer. Lebensbilder und Erlebnisberichte von Spanienkämpfern des Bezirkes Erfurt“ wortgleich nachdrucken ließ, machte aus dem Melder Walter Germann, mit dem Paul Schäfer gefallen sein soll, Walter Hermann.[341]

Erich Kurschinski starb 1970. Ob der „Augenzeugen“-Bericht über den Tod von Paul Schäfer von ihm selbst verfasst oder ihm nach seinem Tod zugeschrieben wurde, lässt sich nicht mehr klären. Sicher ist, dass Erich Kurschinski als Spani-

336 StadtA Erfurt, 5/421-E-1, Schuhfabrik „Paul Schäfer“, Bd. 4, unpaginiert

337 Abel/Hilbert: „Sie werden nicht durchkommen!“, Bd. 1, S.205.

338 BArch, SG 4-11/V237/13/209, Bl. 8.

339 Abel/Hilbert: „Sie werden nicht durchkommen!“, Bd. 1, S. 294.

340 Ebenda.

341 „Die ersten Toten des Meldezuges. Erich Kurschinski erinnert sich“, in: SED Bezirksleitung Erfurt (Hrsg.): Spanienkämpfer. Lebensbilder und Erlebnisberichte von Spanienkämpfern des Bezirkes Erfurt, Erfurt 1985, S. 132f.

enkämpfer im Etkar-André-Bataillon kämpfte, während Paul Schäfer, laut der Kurschinski zugeschriebenen Darstellung, im Thälmann-Bataillon gewesen sein soll. Beide Bataillone kämpften zur Zeit des angeblichen Todes von Paul Schäfer nicht an derselben Stelle. Sicher ist auch, dass Kurschinski, der in Spanien nach seinem Aufenthalt in der XI. Brigade der Leibwache von Alexander Orlow, dem Beauftragten des sowjetischen Geheimdienstes NKWD in Spanien, zugeteilt wurde, ein äußerst zuverlässiges Mitglied des NKWD war. Damit war er besonders prädestiniert, die gefälschte Version des Todes von Paul Schäfer zu bezeugen. Allerdings kann man davon ausgehen, dass mit ihm ein großer Teil der in der DDR lebenden ehemaligen Spanienkämpfer gewusst haben muss, dass es in Spanien nie einen Paul Schäfer gegeben hat.

Im Fonds 545 des RGASPI befindet sich die „Ehrung der gefallenen Brigademelder Walter Gehrmann, Stephan Mudrich und Salamon Preisler."[342] Darin wird am 14. März die noch am gleichen Tag stattfindende Beerdigung der drei am 12. März 1937 gefallenen Männer für den 14. März in Torija angekündigt und die Beteiligung aller „dienstfreien Kameraden" erbeten. Wäre Paul Schäfer gemeinsam mit Walter Gehrmann (im Kurschinski-Bericht „Germann" bzw. „Hermann") gefallen, so hätte er in diesem Dokument erwähnt werden müssen. Auffällig ist, dass es von einem Karl Schäfer, Offizier und Vorgesetzter der drei gefallenen Melder, unterschrieben ist. Dieser Karl Schäfer fiel am 20. März, sechs Tage nach der Beerdigung der drei Melder, und wurde ebenfalls auf dem Friedhof von Torija bestattet.[343]

Interessant ist nun, dass die Funktionen von Karl Schäfer, der erst Panzersoldat und dann Informationsoffizier war, nacheinander Paul Schäfer zugeschrieben wurden. Nach dem von Ernst Erich Kops 1946 verfassten Schreiben der SED Thüringen an Hulda Schäfer und der Biografie von Karl Reimann aus dem

342 RGASPI, f. 545, op. 3, d. 7, l. 44.

343 RGASPI, f. 545, op. 3, d. 47, l. 136.

Jahre 1951 soll Paul Schäfer als Offizier einer Panzereinheit bei einem Tankangriff gefallen sein. Nach dem erstmals 1968 veröffentlichten und 1974 Erich Kurschinski zugeschriebenen „Augenzeugenbericht“ soll Paul Schäfer als „Führer eines Meldezuges“, also als Informationsoffizier, gestorben sein.

Die Legende vom Tod Paul Schäfers im Spanien wurde bis zum Ende der DDR aktiv verbreitet. Gleichzeitig kannten nicht nur zahlreiche SED-Funktionäre die wahren Umstände, sondern das Wissen um Schäfers Ende in Moskau lagerte auch viele Jahrzehnte im Zentralen Parteiarchiv der SED im Institut für Marxismus-Leninismus und wurde dort auch zur Kenntnis genommen. Bizarrer Beweis dafür sind die Karteikarten, die für Paul Schäfer in der so genannten „Kartei zu Personen und Sachverhalten des antifaschistischen Widerstandskampfes“ angelegt wurden.[344] Mit dieser Kartei wurden von 1983 bis 1986 die in der DDR befindlichen Unterlagen zum antifaschistischen Widerstand 1933-1945 im Zentralen Parteiarchiv erfasst. Für Paul Schäfer wurden vier Karteikarten ausgefüllt.[345] Nach der ersten Karteikarte ist seine letzte Lebensstation Spanien von 1936 bis 1937. Die anderen beiden Karteikarten sind ungenauer. Die letzte Karteikarte allerdings führt im Widerspruch zu den anderen seine „Verhaftung in SU März 1938“ und den folgenden Parteiausschluss auf. Unter „Quelle der Angaben“ werden Blatt 236 bis Blatt 256 aus dem Zentralen Parteiarchiv genannt. Dahinter verbirgt sich eine Liste, auf der Paul Schäfer und weitere 157 in der Sowjetunion verhaftete Kommunisten aufgeführt sind, darunter 18 Frauen. Diese Liste liegt heute im Bundesarchiv.[346]

Mit dieser Liste war Ende Juni/Anfang August 1938 der Ausschluss der aufgeführten Verhafteten aus der KPD durch die Exilleitung in Moskau erfolgt. Das Prozedere war wie folgt:

344 Den Hinweis auf diese Kartei im Bundesarchiv verdanken wir Harald Wittstock.

345 Die Karteikarten befinden sich als Findmittel im Bundesarchiv SAPMO, Berlin-Lichterfelde.

346 BArch, RY 1-393, Bl. 234–255. Das erste Blatt ist das Anschreiben von Pieck, danach folgt die Liste. Die weiteren Zitate entstammen dieser Quelle.

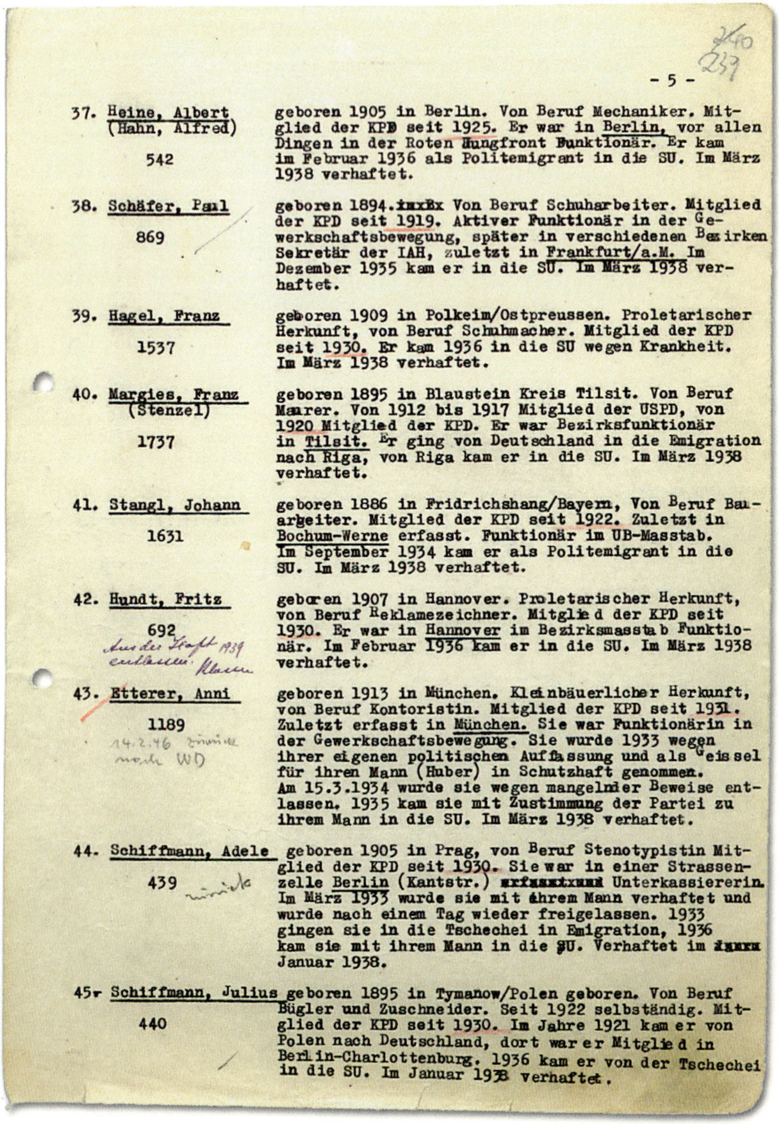
- 5 -

37. Heine, Albert (Hahn, Alfred) 542 — geboren 1905 in Berlin. Von Beruf Mechaniker. Mitglied der KPD seit 1925. Er war in Berlin, vor allen Dingen in der Roten Jungfront Funktionär. Er kam im Februar 1936 als Politemigrant in die SU. Im März 1938 verhaftet.

38. Schäfer, Paul 869 — geboren 1894. Von Beruf Schuharbeiter. Mitglied der KPD seit 1919. Aktiver Funktionär in der Gewerkschaftsbewegung, später in verschiedenen Bezirken Sekretär der IAH, zuletzt in Frankfurt/a.M. Im Dezember 1935 kam er in die SU. Im März 1938 verhaftet.

39. Hagel, Franz 1537 — geboren 1909 in Polkeim/Ostpreussen. Proletarischer Herkunft, von Beruf Schuhmacher. Mitglied der KPD seit 1930. Er kam 1936 in die SU wegen Krankheit. Im März 1938 verhaftet.

40. Margies, Franz (Stenzel) 1737 — geboren 1895 in Blaustein Kreis Tilsit. Von Beruf Maurer. Von 1912 bis 1917 Mitglied der USPD, von 1920 Mitglied der KPD. Er war Bezirksfunktionär in Tilsit. Er ging von Deutschland in die Emigration nach Riga, von Riga kam er in die SU. Im März 1938 verhaftet.

41. Stangl, Johann 1631 — geboren 1886 in Fridrichshang/Bayern, Von Beruf Bauarbeiter. Mitglied der KPD seit 1922. Zuletzt in Bochum-Werne erfasst. Funktionär im UB-Masstab. Im September 1934 kam er als Politemigrant in die SU. Im März 1938 verhaftet.

42. Hundt, Fritz 692 — geboren 1907 in Hannover. Proletarischer Herkunft, von Beruf Reklamezeichner. Mitglied der KPD seit 1930. Er war in Hannover im Bezirksmasstab Funktionär. Im Februar 1936 kam er in die SU. Im März 1938 verhaftet.

43. Etterer, Anni 1189 — geboren 1913 in München. Kleinbäuerlicher Herkunft, von Beruf Kontoristin. Mitglied der KPD seit 1931. Zuletzt erfasst in München. Sie war Funktionärin in der Gewerkschaftsbewegung. Sie wurde 1933 wegen ihrer eigenen politischen Auffassung und als Geissel für ihren Mann (Huber) in Schutzhaft genommen. Am 15.3.1934 wurde sie wegen mangelnder Beweise entlassen. 1935 kam sie mit Zustimmung der Partei zu ihrem Mann in die SU. Im März 1938 verhaftet.

44. Schiffmann, Adele 439 — geboren 1905 in Prag, von Beruf Stenotypistin Mitglied der KPD seit 1930. Sie war in einer Strassenzelle Berlin (Kantstr.) Unterkassiererin. Im März 1933 wurde sie mit ihrem Mann verhaftet und wurde nach einem Tag wieder freigelassen. 1933 gingen sie in die Tschechei in Emigration, 1936 kam sie mit ihrem Mann in die SU. Verhaftet im Januar 1938.

45. Schiffmann, Julius 440 — geboren 1895 in Tymanow/Polen geboren. Von Beruf Bügler und Zuschneider. Seit 1922 selbständig. Mitglied der KPD seit 1930. Im Jahre 1921 kam er von Polen nach Deutschland, dort war er Mitglied in Berlin-Charlottenburg. 1936 kam er von der Tschechei in die SU. Im Januar 1938 verhaftet.

BArch

Liste der in der Sowjetunion verhafteten deutschen Kommunisten (Auszug). Paul Schäfer wird unter Nr. 38 aufgeführt, 25. Juni 1938

Wilhelm Pieck, seit 1935 Parteivorsitzender, ließ die Liste erstellen und sandte sie an Walter Ulbricht sowie an Wilhelm Florin und Walter Hähnel (Deckname „Kunert“, in der Liste fälschlich „Kunart“). Außerdem ging das Schreiben auch an Herbert Wehner (Deckname „Kurt Funk“). Zu Beginn der Liste hatte Pieck schreiben lassen: „Es ist notwendig, über die Zugehörigkeit zur KPD Untenstehender zu entscheiden“. Dann folgten die Namen mit jeweils kurzen Angaben zur Person. Bei Paul Schäfer, die Nr. 38, steht:

„geboren 1894. Von Beruf Schuharbeiter. Mitglied der KPD seit 1919. Aktiver Funktionär in der Gewerkschaftsbewegung, später in verschiedenen Bezirken Sekretär der IAH, zuletzt in Frankfurt/a.M. Im Dezember 1935 kam er in die SU. Im März 1938 verhaftet.“

In einem der Liste beiliegenden Anschreiben an die Führungsgenossen erklärte Pieck das Vorgehen:

„Werte Genossen! Ich bitte Euch die auf der beigefügten Liste (Seite 1 bis 21) verzeichneten 158 Namen und die beigefügten Angaben durchzusehen, um in fliegender Abstimmung über den Ausschluss aus der Partei der betreffenden Personen zu entscheiden und am Schluss Euer Einverständnis durch Eure Unterschrift zu bestätigen.

Mit bestem Gruss!

[Unterschrift: Pieck]“

Auf dem letzten Blatt der Liste hatte Pieck persönlich die Worte „Einverstanden mit dem Parteiausschluss“ notiert und seine Unterschrift dazu gesetzt. Neben ihm unterschrieb Ulbricht und am 4. August folgten Kurt Funk [Herbert Wehner] und Florin. Die Unterschrift von Kunert [Walter Hähnel] fehlt.

Bekannt sind 18 dieser Listen zwischen 7. September 1936 und 21. Juni 1938, durch die über 700 verhaftete Kommunisten aus der Partei ausgeschlossen wurden. Die Gesamtzahl der deutschen Kommunisten, die in der Sowjetunion verfolgt wurden, lässt sich bislang nur schätzen. Bisher sind 8.011 Personen bekannt, die sich zwischen 1936 und 1945 in der

Sowjetunion aufhielten. 1.019 von ihnen wurden erschossen.[347]

Von den 158 Personen auf der Liste vom 21. Juni 1938 wurden eine Person 1936, 28 Personen 1937 und 125 Personen 1938 verhaftet, bei vier Personen fehlt ein Hinweis auf das Datum der Verhaftung. Höhepunkt der Verhaftungen bildete der März 1938, als 63 Menschen, darunter Paul Schäfer, verhaftet wurden. Wilhelm Pieck und Wilhelm Florin kannten Paul Schäfer persönlich, wahrscheinlich auch Walter Ulbricht. Auch Herbert Wehner muss Paul Schäfer gekannt haben, war er doch ab Ende Juni 1934 vom Saargebiet aus als KPD-Chefkoordinator für ganz Südwestdeutschland zuständig.[348]

Den Kollektivausschluss aus der Partei mittels dieser Listen vollzog die KPD-Exilleitung in Moskau üblicherweise zwischen Verhaftung und Verurteilung der Betroffenen. Anders gesagt: Mit ihrem Ausschluss bestätigten die KPD-Führer das Vorgehen des sowjetischen Geheimdienstes und unterstützten damit die Verfolgung und Ermordung ihrer Parteigenossinnen und -genossen.

Wilhelm Pieck brachte die Listen 1945 mit nach Deutschland. Er wurde Vorsitzender der 1946 gegründeten SED und 1949 erster Präsident der neu gegründeten DDR. Am 7. September 1960 starb er. Walter Ulbricht war Generalsekretär der SED und nach Piecks Tod zugleich Staatsratsvorsitzender der DDR. Er starb am 1. August 1973.

Wilhelm Florin starb am 5. Juli 1944 in Moskau. Herbert Wehner wurde am 6. Juni 1942 aus der KPD ausgeschlossen. Zu dieser Zeit hatte er die Sowjetunion bereits verlassen und befand sich in Schweden. Ende 1946 trat er in Westdeutschland in die SPD ein und erlangte wenige Jahre später hohe Parteifunktionen. Ab 1949 war er Bundestagsabgeordneter, ab 1969 Vorsitzender der Bundestagsfraktion. Er starb am 19.

347 Marcel Bois: Von den Genossinnen und Genossen verfolgt. Mitglieder der KPD als Opfer des Großen Terrors in der Sowjetunion. http://lernen-aus-der-geschichte.de/Lernen-und-Lehren/content/13510 [Zugriff 29. Juli 2019].

348 Ulrich: Politischer Widerstand, S. 102f.

Januar 1990 in Bonn. Walter Hähnel bekleidete nach seiner Rückkehr nach Ostdeutschland hohe Funktionen in KPD und SED. Er starb am 9. Oktober 1979 in Ost-Berlin.

Lebensgefährtin Anna Löchner und das Ehepaar Weinert

Nach der Verhaftung Paul Schäfers durch den NKWD blieb Anna Löchner ohne jegliche Information über den Verbleib ihres Lebensgefährten in Moskau zurück. Als Angehörige eines Verhafteten litt sie nicht nur unter der psychischen Belastung, sondern verlor auch die Berechtigung zu kostenlosen Mahlzeiten, wie aus einem Bericht vom 29. April 1938 von Paul Jäckel hervorgeht. Dieser schrieb an das ZK der KPD, dass Anna Löchner und weitere Frauen von verhafteten Genossen seit Mitte April keine Essensmarken mehr ausgehändigt bekämen und „ihre Habseligkeiten [verkaufen,] um leben zu können".[349]

Unter diesen Umständen bemühte sie sich offenbar wie bereits zu Beginn des Jahres, die Sowjetunion verlassen zu können. Am 16. Mai 1938 suchte sie die deutsche Botschaft in Moskau auf, um sich einen neuen Reisepass ausstellen zu lassen. Dadurch wurde die Gestapo auf sie aufmerksam und strebte nun ein Ausbürgerungsverfahren aus dem Deutschen Reich wegen „hochverräterischer Betätigung" gegen sie an.[350] Ob die Gestapo mit der Ausbürgerung erfolgreich war, ist unklar. Sicher ist, dass sie die Ausstellung eines neuen Reisepasses verhinderte.[351]

Im Sommer 1938 arbeitete Anna Löchner nach eigenen Angaben in einem landwirtschaftlichen Großbetrieb bei Moskau, musste ihre Tätigkeit aufgrund einer schweren Ruhr-Erkrankung jedoch aufgeben.[352] Gleichzeitig gab sie die Suche nach Paul Schäfer nicht auf. Am 31. Januar 1939 schrieb sie deshalb an das ZK der Kommunistischen Allunions-Partei (Bolschewiki). Sie berichtete über ihre Versuche, bei „entspre-

349 Weber/Drabkin/Bayerlein: Deutschland, Russland, Dok. 439, S. 1452.

350 BArch, R 3017/34646, Bl. 121.

351 Ebenda, Bl. 123.

352 Löchner 1958.

chenden Organen" den Aufenthaltsort ihres Lebensgefährten ausfindig zu machen, um ihm Geld zukommen zu lassen. Doch nirgends habe sie Auskunft bekommen, wo sich Paul Schäfer befindet. Am 19. Dezember 1938 habe sie dann im Gefängnis Matrosskaja Tischina die Nachricht erhalten, Schäfer sei in ein weit entferntes Lager verbannt worden und würde ihr schon schreiben. Das war vermutlich eine Standardantwort – zu diesem Zeitpunkt war Paul Schäfer schon fünf Monate tot. Sie forderte nun vom ZK im Januar 1939, „die Angelegenheit zu überprüfen [und zu klären], weshalb und warum mein Mann in ein Lager verbannt wurde."[353]

Am 29. Juli 1939 wurde sie durch den Mitarbeiter der sowjetischen Militärstaatsanwaltschaft Schapkin als Zeugin in der Sache Schäfer vernommen. Damals lebte sie im Gebiet Moskau an der Bahnstation Fruktowaja, Kreis Luchowzy, Ulica Zentralnaja, und nähte in der Fabrik „Roter Milizionär" Fäustlinge. In der Vernehmung gab sie an, Schäfer sei mit bedeutenden Kommunisten persönlich bekannt gewesen, darunter einem engen Mitarbeiter des Komintern-Generalsekretärs Georgi Dimitroff sowie den KPD-Führern Wilhelm Pieck und Wilhelm Florin.[354] Über zwei Monate später, Anfang Oktober 1939, erkundigte sie sich bei Schapkin schriftlich über den Stand der Dinge. Mit seinen Fragen bei der Zeugenvernehmung habe auch er deutlich gemacht, so Anna Löchner, dass Paul Schäfer „aufgrund von falschen Beschuldigungen verhaftet und verbannt wurde." Wieder erbat sie eine Information über den Aufenthaltsort ihres Mannes und berichtete, dass sie ihn in den Gefängnissen Taganskaja und Butyrskaja vergeblich gesucht habe. Eine Antwort Schapkins an Anna Löchner ist nicht überliefert. Trotz seiner Zusage, sie über den Verbleib ihres Mannes zu informieren, hat er Anna Löchner wohl weiterhin sein Wissen über die Hinrichtung Paul Schäfers vorent-

353 GARF, f. 10035, op. 2, d. 3232, Strafakte Paul Schäfer, l. 30.
354 Ebenda, l. 26.

halten.[355] Auch wenn nicht bekannt ist, ob sie erfuhr, wie und warum er starb, wusste sie mit Sicherheit von seinem Tod. Gegenüber ihrer Familie äußerte sie sich später, ihren Lebensgefährten habe „Stalin auf dem Gewissen".[356]

Auch Anna Löchner erlitt Repressionen in der Sowjetunion. 1958 schrieb ein Mitarbeiter des MfS über ihren Gesundheitszustand: „Aufgrund der illegalen Arbeit während des Faschismus und der Emigration ist ihr Nervensystem stark zerrüttet. Desweiteren hat sie ein schweres Gallenleiden."[357] Demselben Mitarbeiter berichtete sie 1962 in einem Treffen, sie leide an einer schmerzhaften Hornhautvernarbung. Der Bericht hält fest, ihre psychischen und physischen Gebrechen seien „zurückzuführen auf ihre Emigration" in die Sowjetunion. Dort sei sie zur „Zeit des Personenkultes [...] ebenfalls Repressalien ausgesetzt" gewesen, „da sie sogar bis Moskau gefahren ist, um ihrem Lebenskameraden zu helfen." Unterstützung habe sie dagegen von Erich und Elisabeth Weinert erhalten, die ihr „sehr geholfen haben" und die „sie immer mit grosser Liebe und Achtung" erwähne.[358]

Das Ehepaar Elisabeth und Erich Weinert kannte Paul Schäfer und Anna Löchner seit der Emigration aus Deutschland. Als Mitbegründer des Bundes revolutionär-proletarischer Schriftsteller und KPD-Mitglied seit 1929 war Erich Weinert 1934 die deutsche Staatsbürgerschaft aberkannt worden. Die beiden Paare waren zeitgleich im Saargebiet, in Paris und Moskau. Dort intensivierten sie ihren Kontakt. Während der Teilnahme Erich Weinerts am Spanischen Bürgerkrieg seit Juni 1937 war die Freundschaft zu Elisabeth Weinert, die mit ihrer Tochter Marianne in Moskau zurückgeblieben war, noch enger geworden. Elisabeth Weinert, von Beruf Rezitatorin und Kabarettistin und seit 1931 KPD-Mitglied, hatte an der Karl-Liebknecht-

355 GARF, f. 10035, op. 2, d. 3232, Strafakte Paul Schäfer, l.44.

356 Aussage der Familie Bekos gegenüber Stefan Weise am 14. April 2019.

357 BStU, MfS, AIM 7428-68, Teil I, Bl. 57.

358 Ebenda, Bl. 104f.

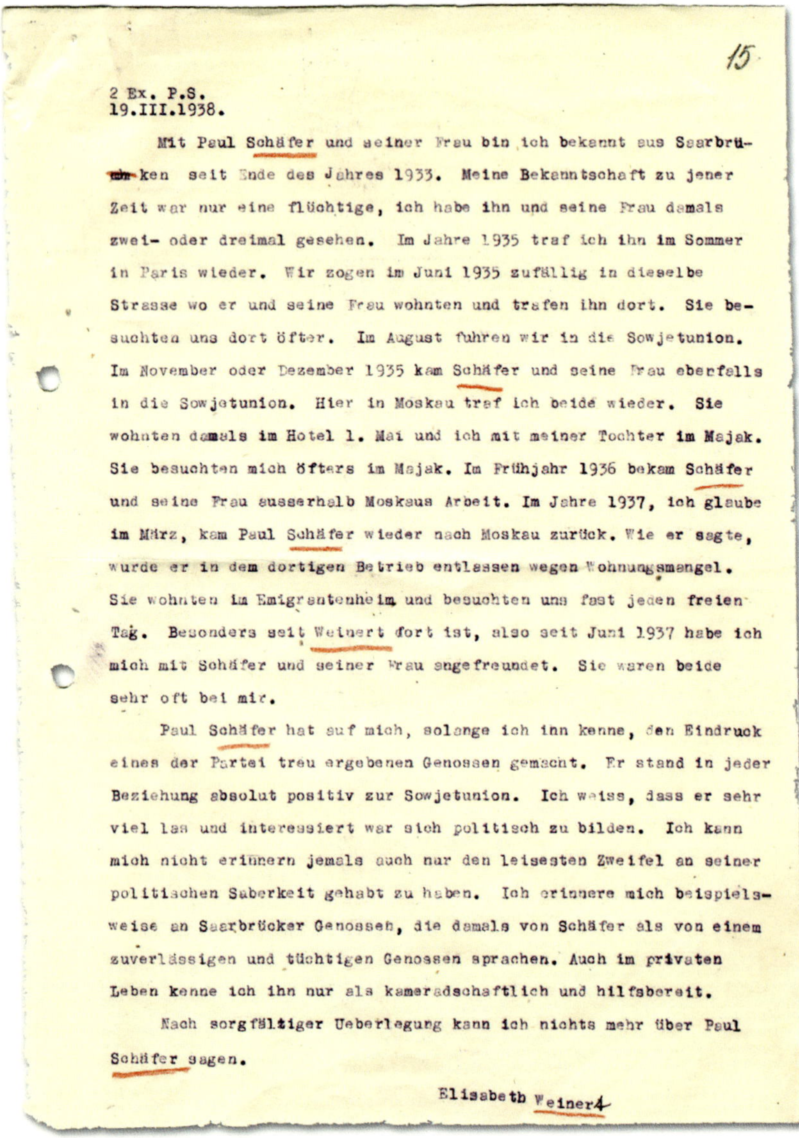

15

2 Ex. P.S.
19.III.1938.

Mit Paul Schäfer und seiner Frau bin ich bekannt aus Saarbrü-~~ck~~ken seit Ende des Jahres 1933. Meine Bekanntschaft zu jener Zeit war nur eine flüchtige, ich habe ihn und seine Frau damals zwei- oder dreimal gesehen. Im Jahre 1935 traf ich ihn im Sommer in Paris wieder. Wir zogen im Juni 1935 zufällig in dieselbe Strasse wo er und seine Frau wohnten und trafen ihn dort. Sie besuchten uns dort öfter. Im August fuhren wir in die Sowjetunion. Im November oder Dezember 1935 kam Schäfer und seine Frau eberfalls in die Sowjetunion. Hier in Moskau traf ich beide wieder. Sie wohnten damals im Hotel 1. Mai und ich mit meiner Tochter im Majak. Sie besuchten mich öfters im Majak. Im Frühjahr 1936 bekam Schäfer und seine Frau ausserhalb Moskaus Arbeit. Im Jahre 1937, ich glaube im März, kam Paul Schäfer wieder nach Moskau zurück. Wie er sagte, wurde er in dem dortigen Betrieb entlassen wegen Wohnungsmangel. Sie wohnten im Emigrantenheim und besuchten uns fast jeden freien Tag. Besonders seit Weinert fort ist, also seit Juni 1937 habe ich mich mit Schäfer und seiner Frau angefreundet. Sie waren beide sehr oft bei mir.

Paul Schäfer hat auf mich, solange ich ihn kenne, den Eindruck eines der Partei treu ergebenen Genossen gemacht. Er stand in jeder Beziehung absolut positiv zur Sowjetunion. Ich weiss, dass er sehr viel las und interessiert war sich politisch zu bilden. Ich kann mich nicht erinnern jemals auch nur den leisesten Zweifel an seiner politischen Saberkeit gehabt zu haben. Ich erinnere mich beispielsweise an Saarbrücker Genossen, die damals von Schäfer als von einem zuverlässigen und tüchtigen Genossen sprachen. Auch im privaten Leben kenne ich ihn nur als kameradschaftlich und hilfsbereit.

Nach sorgfältiger Ueberlegung kann ich nichts mehr über Paul Schäfer sagen.

Elisabeth Weinert

RGASPI

Stellungnahme von Elisabeth Weinert für Paul Schäfer, 19. März 1938

Schule für Kinder deutscher Emigranten in Moskau gearbeitet, die Anfang 1938 im Zuge der sogenannten „Deutschen Operation" geschlossen worden war.

Am 19. März 1938, acht Tage nach der Verhaftung von Paul Schäfer, hatte Elisabeth Weinert eine Stellungnahme verfasst, um ihm zu helfen. Sie berichtete von ihrem guten Verhältnis zu ihm und Anna Löchner und beschrieb ihn als einen „der Partei treu ergebenen Genossen", der „in jeder Beziehung absolut positiv zur Sowjetunion" stünde.[359] Das Schreiben zeugte von Mut, da sie sich mit einem Verhafteten solidarisierte, statt die Verhaftung zu rechtfertigen.

Erich Weinert wurde wie viele Spanienkämpfer in Frankreich interniert und kehrte danach in die Sowjetunion zurück. Dort wurde er 1943 Präsident des im selben Jahr gegründeten Nationalkomitees Freies Deutschland, ein Zusammenschluss kriegsgefangener deutscher Offiziere und kommunistischer Emigranten.

Nach dem Überfall der deutschen Wehrmacht auf die Sowjetunion am 22. Juni 1941 begann die Sowjetregierung, die Deutschen in Moskau und Umgebung nach Kasachstan in Zentralasien zu deportieren. Bis zum November 1941 wurden so knapp 240.000 Menschen zwangsumgesiedelt, im Dezember 1942 wurde auch Anna Löchner vom sowjetischen Geheimdienst NKWD dorthin deportiert.[360] Sie selbst schrieb, sie sei nach Ossakarowka „evakuiert" worden, das 2.800 Kilometer östlich von Moskau in Kasachstan liegt. Hier habe sie bis Mai 1946 „beim Transport, als Erd- und Bauarbeiterin" gearbeitet. Bis Januar 1947 arbeitete sie „zur Zufriedenheit der Werkleitung" in einer Maschinenfabrik im 100 Kilometer weiter südlich gelegenen Karaganda.[361] In unmittelbarer Nähe lag der Lagerkomplex Karagandinsker Besserungsarbeitslager in Kasachstan, kurz Karlag. Das Karlag als eine Unterstruktur

359 RGASPI, f. 495, op. 205, d. 7385, Kaderakte Paul Schäfer, l. 15.

360 BStU, MfS, AIM 7428-68, Teil I, Bl. 25. Die Zahlenangaben stammen von Wladislaw Hedeler.

361 Löchner 1958

des Gulagsystems existierte von 1929 bis 1959 und war einer der größten und am längsten betriebenen Lagerkomplexe in der Sowjetunion.[362] Die Verbannung der Deutschen erfolgte allerdings unabhängig vom sowjetischen Gulagsystem, Anna Löchner war also nicht im Karlag inhaftiert.

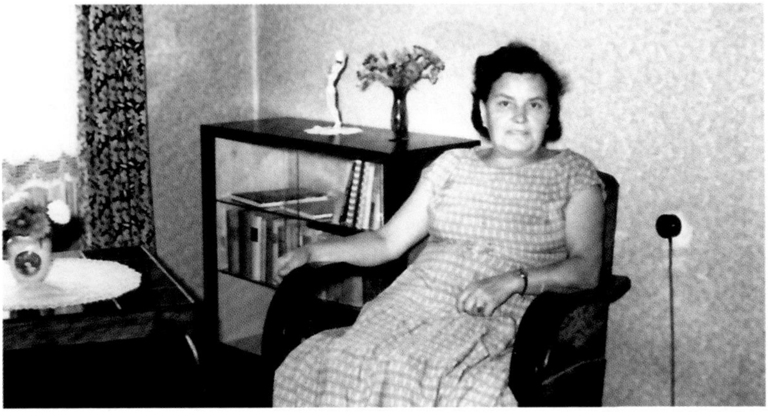

Familienarchiv Bekos

Anna Löchner in ihrer Wohnung in Berlin am Markgrafendamm, um 1950

Im Januar 1947 konnte Anna Löchner nach Moskau zurückkehren und am 10. März des Jahres in die Sowjetische Besatzungszone ausreisen.[363] Aufgrund ihrer verhältnismäßig frühen Rückkehr existiert keine Heimkehrerakte im Bestand des Roten Kreuzes/Roten Halbmondes der UdSSR.[364] Sie wurde Mitglied der SED, des FDGB (Freier Deutscher Gewerkschaftsbund), der DSF (Deutsch-Sowjetische Freundschaft) und des DFD (Demokratischer Frauenbund Deutschlands). Es ist auffällig, dass sie zunächst nach Erfurt ging und dort bis April 1948 im Funkwerk als Hilfsarbeiterin in der Montage arbeitete.[365] Nicht belegt ist, ob sie in dieser Zeit Kontakt zu Hulda Schäfer und Paul Schä-

362 Zum Karlag siehe v.a.: Wladislaw Hedeler (Hrsg.): KARLAG. Karagandinsker „Besserungsarbeitslager“ 1930–1959, Paderborn 2008, sowie: Ders.: Meinhard Stark: Das Grab in der Steppe. Leben im Gulag, Paderborn 2008.

363 Löchner 1958.

364 Diesen Hinweis verdanken wir Wladislaw Hedeler.

365 BStU, MfS, AIM 7428-68, Teil I, Bl. 16.

Familienarchiv Bekos

Anna Löchner und Louis Scharlemann am Markgrafendamm, 20. Juni 1954

fers Sohn Horst hatte. Danach lebte sie für ein Jahr in Berlin, wo sie den Haushalt von Hella Scharlemann führte. Die drei Jahre jüngere Hella Scharlemann war als Kommunistin ebenfalls 1935 mit ihrem kleinen Sohn in die Sowjetunion emigriert. Ihr Mann Wilhelm Feyerherd wurde am 16. Februar 1938, ein Monat vor Paul Schäfer, in Moskau verhaftet und ebenfalls wegen Spionage für Deutschland zum Tode verurteilt und am 28. Mai 1939 erschossen. Hella Scharlemann wurde wie Anna Löchner nach Karaganda verbannt und kehrte ebenfalls 1947 in die DDR zurück. Sie wurde Mitglied der SED und bekleidete verschiedene staatliche Funktionen.[366] Mit Sicherheit kannten sich Hella Scharlemann und Anna Löchner schon in der Verbannung, vermutlich auch schon seit ihrem Aufenthalt in Moskau.

Am Februar 1949 zog Anna Löchner zu Louis Scharlemann, ihrem neuen Lebensgefährten, der in der Nachbarschaft von Hella Scharlemann am Berliner Markgrafendamm wohnte. Der 15 Jahre ältere Mann war gelernter Bäcker, ebenfalls Kommunist[367] und vermutlich der Vater von Hella Scharlemann.[368]

366 Löchner 1958; Weber/Herbst: Deutsche Kommunisten. Supplement, S. 76, 217.

367 BStU, MfS, AIM 7428-68, Teil I, Bl. 14, 40, 53.

368 Aussage von Ines Bekos gegenüber Annegret Schüle am 30. September 2019.

Als sich Anna Löchner um ihre Anerkennung als Verfolgte des Naziregimes bemühte, bürgte der Schriftsteller Erich Weinert für sie.[369] Er war mit seiner Frau Elisabeth Weinert 1946 aus der Sowjetunion zurückgekehrt und hatte sich dafür eingesetzt, dass auch Anna Löchner vergleichsweise früh zurückkehren konnte.[370] Das Ehepaar Weinert ist ein Beispiel dafür, dass Rückkehrer aus der Sowjetunion, die in der DDR Teil der Nomenklatura wurden, das Schicksal Paul Schäfers kannten. Bis zu seinem Tod bekleidete Erich Weinert hohe Funktionen in der Volksbildung und Kulturverwaltung der DDR.

Familienarchiv Bekos

Anna Löchner (rechts) vor dem Stalindenkmal in Berlin, 20. Juni 1954

Es wurde im August 1951 von Walter Ulbricht, Wilhelm Pieck und dem Ministerpräsidenten Otto Grotewohl eingeweiht und im November 1961 wieder abgebaut. Anna Löchner sprach gegenüber ihren Verwandten mehrfach davon, dass sie erst nach seinem Verschwinden diesen Ort wieder ohne Angst passieren konnte.

---

369 BStU, MfS, AIM 7428-68, Teil I, Bl. 15.

370 Aussage von Ines Bekos gegenüber Annegret Schüle am 30. September 2019.

1952, sie war noch keine 50 Jahre alt, wurde Anna Löchner berufsunfähig und erhielt nun eine Invalidenrente.[371] Durch ihre Anerkennung als Verfolgte des Naziregimes hatte sie eine auskömmliche Versorgung.[372] 1954 wurde sie vom Ministerium für Staatsicherheit angeworben. Als Geheimer Informator (GI), später Inoffizieller Mitarbeiter (IM) genannt, wurde sie mit Informations- und Stimmungsberichten sowie Ermittlungen beauftragt, was sie zur Zufriedenheit ihres Führungsoffiziers erledigte.[373] So berichtete sie etwa über die Stimmung unter den „Handwerker[n] und kleinen Warenproduzenten des Wohngebietes".[374] „Sie ist sehr geeignet für die Durchführung der Aufgaben, da sie selbst schon illegal gearbeitet hat", resümierte das MfS.[375] Für ein Jahr leitete sie als Geheimer Hauptinformator (GHI) andere GIs an, wurde aber aufgrund ihres schlechten Gesundheitszustandes als Folge der Lebensverhältnisse in der Verbannung wieder von dieser Funktion entbunden.[376] Zudem übernachteten bei ihr „Genossen aus Westdeutschland, welche illegal nach dem Demokratischen Sektor kommen, um Besprechungen mit Mitgliedern des ZK zu führen". Diese Besprechungen fanden auch in ihrer Wohnung statt, wie ihr Führungsoffizier, Oberfeldwebel Miksch, berichtete.[377] Auch sie selbst reiste nach Westberlin, um Aufträge des Ministeriums für Staatssicherheit auszuführen.[378]

Dass Remigrantinnen aus den sowjetischen Lagern bzw. der Verbannung vom Ministerium für Staatssicherheit angeworben wurden, war nicht ungewöhnlich. Als langjährige Genossinnen versprach man sich von ihnen besondere Zuverlässigkeit, Ehrlichkeit und Verschwiegenheit. Auf den ersten Blick

---

371 BStU, MfS, AIM 7428-68, Teil I, Bl. 26.

372 Aussage von Ines Bekos gegenüber Annegret Schüle am 30. September 2019.

373 BStU, MfS, AIM 7428-68, Teil I, Bl. 24, 29, 34,

374 Ebenda, Bl. 34.

375 Ebenda, Bl. 42.

376 Ebenda, Bl. 104.

377 Ebenda, Bl. 62.

378 Aussage von Ines Bekos gegenüber Annegret Schüle am 30. September 2019.

scheint es widersprüchlich, dass sich diese Opfer des sowjetischen Geheimdienstes nun vom DDR-Geheimdienst anwerben ließen. Auf den zweiten Blick wird allerdings sichtbar, dass die Partei- und Staatsstrukturen und die damit verbundene politische Identität für diese Frauen, die alles verloren haben, zur einzigen Konstante in ihrem Leben wurde.[379]

In den Angaben zur ihrer Biografie in ihrer Stasi-Akte fehlt jeglicher Hinweis auf Paul Schäfer – als hätte er nie existiert.[380] Der Name Paul Schäfer taucht nur ein einziges Mal in ihrer Stasi-Akte auf, in der oben erwähnten Beurteilung ihres Führungsoffiziers vom 15. August 1962. Als es ihr gesundheitlich sehr schlecht ging, musste sie um den Fortbestand der Zusammenarbeit mit dem MfS fürchten und berichtete deshalb bei einem Treffen von ihren Erfahrungen in der Sowjetunion und der Inhaftierung und Hinrichtung Paul Schäfers.[381] Anna Löchner starb am 1. März 1981 in Magdeburg.[382]

Familienarchiv Bekos

Anna Löchner zu Besuch bei ihren Verwandten in Ilmenau, 1972

Die Verkrüppelung ihrer linken Hand wie auch ihre verkrüppelten Füße war Folge ihre Lebensverhältnisse in der Verbannung.

379 Meinhard Stark: Die Gezeichneten. Gulag-Häftlinge nach der Entlassung, Berlin 2010, S. 172ff.

380 BStU, MfS, AIM 7428-68, Teil I.

381 Ebenda, Bl. 104ff.

382 Standesamt Magdeburg-Südost, Rep. 55/ 3.796 Bd. 1, Reg.-Nr. 256/1981.

Wann kam die Wahrheit ans Licht?

Der Schießplatz in Butowo am Stadtrand von Moskau wurde in der Zeit des „Großen Terrors“ vom NKWD für Massenhinrichtungen genutzt. Es handelte sich um die größte Hinrichtungsstätte im Moskauer Gebiet. Die ersten Opfer wurden dort am 8. August 1937 ermordet, die letzten am 19. Oktober 1938. In dieser Zeit fanden fast täglich Massenhinrichtungen statt. Insgesamt wurden 20.761 Menschen aus allen sozialen Schichten und Regionen der Sowjetunion in Butowo hingerichtet. Ihre Leichen wurden vor Ort vergraben.[383]

Die Geschehnisse in Butowo wurden mehr als 50 Jahre verschwiegen. Nach Ende der Erschießungen wurden Kriegsgefangene in den vorhandenen Baracken untergebracht, nach Kriegsende das Areal zum Teil neu bebaut.

Eine Auseinandersetzung mit der Massenverfolgung und -ermordung im stalinistischen Terror wurde erst im Rahmen der Perestroika (Umgestaltung) unter Michael Gorbatschow, seit 1985 Generalsekretär der KPdSU, möglich. 1987 entstand in Moskau Memorial als Vereinigung „von unten“, aus der Zivilgesellschaft heraus. Dazu gehörten nicht nur ehemalige politische Gefangene und ihre Angehörigen, sondern auch viele junge, politisch interessierte Menschen. Memorial forderte die volle wissenschaftliche Aufklärung über die politischen Repressionen in der Sowjetunion, die Unterstützung der Opfer und ihrer Angehörigen sowie eine öffentliche Erinnerungskultur. Am 16. Januar 1989 beschloss der Oberste Sowjet die Rehabilitierung der in den 1930er bis Anfang der 1950er Jahre Verfolgten. Der Militärstaatsanwalt in Moskau rehabilitierte Paul Schäfer am 13. September 1989.[384]

1991 fand man Hinweise auf Massengräber außerhalb von Moskau, doch Butowo wurde in den Dokumenten nicht

383 Schlögel: Terror und Traum, S. 603ff.

384 GARF, f. 10035, op. 2, d. 3232, Strafakte Paul Schäfer, l.46.

erwähnt. Erst als ein ehemaliger Mitarbeiter des NKWD sein Schweigen brach, konnte auch die Geschichte von Butowo erforscht werden. Angehörige der Opfer hatten erstmals 1993 Zugang zum Gelände, ein Gedenkstein wurde errichtet. Der FSB, als russischer Geheimdienst Nachfolger des KGB, übergab das Gelände 1995 an die russisch-orthodoxe Kirche. 2017 wurde eine Gedenkanlage gestaltet, alle Namen der in Butowo ermordeten Menschen sind dort mit ihrem Geburtsjahr genannt, darunter auch Paul Schäfer.

1991 veröffentlichten ostdeutsche Historiker erstmals die Namen von mehr als 1.100 Menschen, die in der Sowjetunion in den 1930er Jahren verfolgt worden waren, darunter den Namen von Paul Schäfer. Die Informationen stammten vor allem aus den nun geöffneten sowjetischen Archiven, dem Parteiarchiv der SED und Berichten von Überlebenden.[385]

385 Institut für Geschichte der Arbeiterbewegung: In den Fängen des NKWD. Die Angaben zu Paul Schäfer stehen auf S. 197.

Foto: Butowo-Poligon

Gedenkanlage in der ehemaligen Hinrichtungsstätte Butowo bei Moskau, 2018

Foto: Butowo-Poligon

Die Gedenkstätte Butowo Poligon erinnert an alle auf dem Areal Ermordeten mit Namen und Geburtsjahr. Auf der Gedenktafel steht in russischer Sprache „Schäfer Paul 1894", Mitte dritte Zeile v. u., 2018

Wie in Zukunft an Paul Schäfer erinnern?

Am 8. April 2019 fand am Erinnerungsort Topf & Söhne eine Diskussionsrunde zur Frage „Wie künftig in Erfurt an Paul Schäfer erinnern?“ statt, etwa 20 Gäste diskutierten gemeinsam mit den Kuratoren der Ausstellung „Die zwei Tode des Paul Schäfer. Legende und Lebensgeschichte eines Erfurter Kommunisten“. Für diese Präsentation war die Gedenktafel, die in den 1950ern an Paul Schäfers ehemaligem Wohnhaus angebracht worden war, abgenommen und in die Ausstellung integriert worden.

Da die Tafel neben seinen Lebensdaten mit der Inschrift „Im Kampf gegen den Faschismus gab er sein Leben“ die offizielle Lügenlegende in DDR tradiert, stellte sich von Beginn der Ausstellungskonzeption an die Frage, wie künftig mit der Tafel umgegangen werden soll. Um die Besucher der Ausstellung an dieser Diskussion zu beteiligen, wurde eine schriftliche Befragung am Ende des Rundgangs durchgeführt.

Die 105 ausgefüllten Fragebögen ergaben ein recht eindeutiges Meinungsbild: 57% der Befragten waren dafür, die Tafel zurückzuhängen und gleichzeitig zu kommentieren. Dies entspricht auch dem Willen der Hauseigentümerin. Das Team des Erinnerungsortes hatte sich in einem Workshop gemeinsam mit ihr auf einen Entwurf verständigt, der nun öffentlich diskutiert wurde. In diesem Workshop waren sowohl erinnerungskulturelle wie ästhetische Fragen besprochen worden. Einerseits wollte man die in der DDR verbreitete Unwahrheit nicht einfach unkommentiert stehen lassen, sondern die neuen Forschungserkenntnisse einbeziehen. Andererseits wollte man die bisherige Gedenktafel nicht entfernen, sondern als Zeugnis der DDR-Geschichtspolitik weiter zeigen. Die Information über Paul Schäfers tatsächlichen Tod in Moskau sollte gleichzeitig in einer anderen, modernen Formensprache mitgeteilt werden. Ein entsprechender Entwurf fand breite Zustimmung, wenngleich der Wunsch geäußert wurde, den Text um einen Link auf eine Webseite zu ergänzen, die wie schon die Ausstellung mehr Informationen zu Paul Schäfer liefert. Denn auf einer Tafel ist das Textvolumen begrenzt: Zum einen darf sie nicht zu groß werden, zum anderen muss der Text vom Bürgersteig über den Vorgarten hinweg lesbar sein. Die Kombination aus alter und neuer Tafel wurde am 11. Oktober 2019 gemeinsam mit den Angehörigen von Paul und Hulda Schäfer und Anna Löchner am ehemaligen Wohnhaus der Schäfers im Schobersmühlenweg 20 in Erfurt angebracht. Ausstellungsinhalte, Fotos und die Diskussion um die Gedenktafel sind auf der eigens angelegten Unterseite des Erinnerungsortes Topf & Söhne www.topfundsoehne.de/paulschaefer abrufbar.

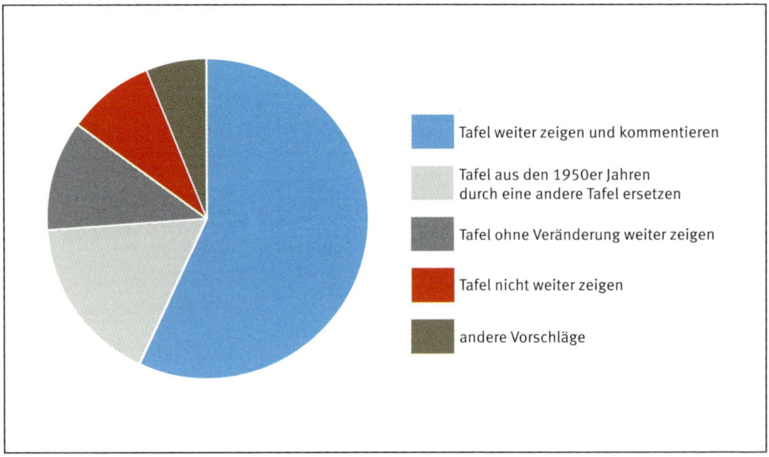

Die Ergebnisse der Besucherbefragung über den Umgang mit der Tafel aus den 1950er Jahren:

57 % waren dafür, die Tafel weiter zu zeigen und zu kommentieren.
17 % waren dafür, die Tafel aus den 1950er Jahren durch eine andere Tafel zu ersetzen.
11 % waren dafür, die Tafel ohne Veränderung weiter zu zeigen.
9 % waren dafür, die Tafel nicht weiter zu zeigen.
6 % hatten andere Vorschläge zum Gedenken an Paul Schäfer.

Foto: Erinnerungsort Topf & Söhne

Die kommentierte Gedenktafel am ehemaligen Wohnhaus Paul Schäfers im Schobersmühlenweg 30 in Erfurt, 11. Oktober 2019.

Abkürzungsverzeichnis

ADGB	Allgemeiner Deutscher Gewerkschafts-Bund
ASR	Arbeiter- und Soldatenrat
BArch	Bundesarchiv
BStU	Bundesbeauftragter für die Unterlagen des Staatssicherheitsdienstes der ehemaligen Deutschen Demokratischen Republik
DFD	Demokratischer Frauenbund Deutschlands
DNVP	Deutschnationale Volkspartei
DSF	Deutsch-Sowjetische Freundschaft
DVP	Deutsche Volkspartei
EKKI	Exekutivkomitee der Kommunistischen Internationale
FDGB	Freier Deutscher Gewerkschaftsbund
FSB	Federalnaja sluzhba besopasnosti (Föderaler Sicherheitsdienst)
GARF	Gosudarstvennyi archiw Rossijskoi Federatzii (Staatsarchiv der Russischen Föderation)
Gestapo	Geheime Staatspolizei
GHI	Geheimer Hauptinformator
GI	Geheimer Informator
Gulag	Glawnoje uprawlenije isprawitelno-trudowych lagerej i kolonij (Hauptverwaltung der Besserungsarbeitslager und -kolonien)
IAH	Internationale Arbeiterhilfe
IGB	Internationaler Gewerkschaftsbund
IM	Inoffizieller Mitarbeiter
KAPD	Kommunistische Arbeiterpartei Deutschlands
KGB	Komitet gossudarstwennoi besopasnosti (Komitee für Staatssicherheit)
Komintern	Kommunistische Internationale

KPD	Kommunistische Partei Deutschlands
KPdSU	Kommunistische Partei der Sowjetunion
KPO	Kommunistische Partei Deutschlands – Opposition
LATh – HStA Weimar	Landesarchiv Thüringen – Hauptstaatsarchiv Weimar
LATh – StA Gotha	Landesarchiv Thüringen – Staatsarchiv Gotha
MfS	Ministerium für Staatssicherheit
MOPR	Mezhdunarodnaya organizatziya v podderzhku bol'shoy revolyutzii (Internationale Rote Hilfe)
MSPD	Mehrheitssozialdemokratische Partei Deutschlands
NKWD	Narodnyj kommissariat wnutrennich del (Volkskommissariat für innere Angelegenheiten)
OdF	Opfer des Faschismus
OHL	Oberste Heeresleitung
PCE	Partido Comunista de España (Kommunistische Partei Spaniens)
RGASPI	Rossiiskii gosudarstvennyi archiw sozial'no-politicheskoi istorii (Russisches Staatsarchiv für sozialpolitische Geschichte)
RGI	Rote Gewerkschaftsinternationale
RGO	Revolutionäre Gewerkschafts-Opposition
RH	Rote Hilfe
RHD	Rote Hilfe Deutschlands
SAPMO	Stiftung Archiv der Parteien und Massenorganisationen der DDR im Bundesarchiv
SBZ	Sowjetische Besatzungszone
SED	Sozialistische Einheitspartei Deutschlands
SPD	Sozialdemokratische Partei Deutschlands

StadtA Erfurt	Stadtarchiv Erfurt
StGB	Strafgesetzbuch
USPD	Unabhängige Sozialdemokratische Partei Deutschland
VdN	Verfolgte des Naziregimes
VEB	Volkseigener Betrieb
ZK	Zentralkomitee

Abkürzungen in den Signaturen der russischen Archive

f.	Fond
op.	Opis (Bestand)
d.	Delo (Akte)
l.	List (Blatt)

Literaturverzeichnis

Abel, Werner/Hilbert, Enrico: „Sie werden nicht durchkommen!“ Deutsche an der Seite der Spanischen Republik und der sozialen Revolution, Bd. 1, Lich/Hessen 2015

Abel, Werner/Hilbert, Enrico/Wittstock,Harald: „Sie werden nicht durchkommen!“ Deutsche an der Seite der Spanischen Republik und der sozialen Revolution, Bd. 2, Lich/Hessen 2016

Alba, Victor: The Communist Party in Spain, New Jersey 1983

Altrichter, Helmut: Kleine Geschichte der Sowjetunion 1917–1991, München 2013

Bauer, Antje/Wirth, Christoph: Der Erfurter Kommunist Paul Schäfer und die stalinistische Geschichtsbewältigung, in: Stadt und Geschichte 2/2011

Behrend, Manfred: „Der Wandschirm, hinter dem nichts geschieht" – Bildung, Tätigkeit und Ende der ersten deutschen Sozialisierungskommission, in: Beiträge zur Geschichte der Arbeiterbewegung 4/1998

Berg, Angela: Die Internationalen Brigaden im Spanischen Bürgerkrieg 1936–1939, Essen 2005

Bergmann, Theodor: Gegen den Strom, Hamburg 2001

Bernecker, Walther L.: Krieg in Spanien 1936–1939, Darmstadt 2005²

Bois, Marcel: Kommunisten gegen Hitler und Stalin, Hamm 2016

Bois, Marcel: Von den Genossinnen und Genossen verfolgt. Mitglieder der KPD als Opfer des Großen Terrors in der Sowjetunion. http://lernen-aus-der-geschichte.de/Lernen-und-Lehren/content/13510 [Zugriff 29. Juli 2019]

Braskén, Kasper: The International Workers' Relief, Communism and Transnational Solidarity, London 2015

Brauns, Nikolaus: Rote Hilfe Deutschland, in: https://www.historisches-lexikon-bayerns.de/Lexikon/Rote_Hilfe_Deutschland [Zugriff 7. Februar 2019]

Braunthal, Julius: Geschichte der Internationale, Bd. 2, Berlin/Bonn 1974

Engelke, Rolf/ Form, Wolfgang: Kommunistischer Widerstand und NS-Verfolgungspraxis in Hessen, in: Renate Knigge-Tesche, Axel Ulrich (Hrsg.): Verfolgung und Widerstand in Hessen 1933–1945, Frankfurt/Main 1996, S. 213–235

Firsov, Friedrich I.: Ein Oktober, der nicht stattfand, in: Ders., Bayerlein, Bernhard H. et al (Hrsg.): Deutscher Oktober 1923. Ein Revolutionsplan und sein Scheitern, Berlin 2003

Frommhagen, Rolf: Die andere Fußball-Nationalmannschaft. Bundesauswahl der deutschen Arbeitersportler 1924–1932, Göttingen 2011

Gross, Babette: Willi Münzenberg. Eine politische Biographie, Stuttgart 1967

Gutsche, Willibald: Die revolutionäre Bewegung in Erfurt während des 1. imperialistischen Weltkrieges und der Novemberrevolution, Erfurt 1963

Gutsche, Willibald: Die Kämpfe der Erfurter Arbeiter gegen die Reaktion im Frühjahr 1919, Erfurt 1963

Gutsche, Willibald: Geschichte der Stadt Erfurt, Weimar 1989

Hedeler, Wladislaw (Hrsg.): KARLAG. Karagandinsker „Besserungsarbeitslager“ 1930–1959, Paderborn 2008

Hedeler, Wladislaw/Stark, Meinhard: Das Grab in der Steppe. Leben im Gulag, Paderborn 2008

Heeke, Matthias: Reisen zu den Sowjets. Der ausländische Tourismus in Rußland 1921–1941. Mit einem bio-bibliographischen Anhang zu 96 deutschen Reiseautoren, Berlin/Münster/Wien/Zürich/London 2003

Hesselbarth, Mario: Zur Geschichte der USPD in Thüringen. Jena 2017

Hesselbarth, Mario: „Gegen das Hissen der roten Flagge auf dem Rathaus erheben wir keinen Einspruch“. Novemberrevolution 1918 in Thüringen, Jena 2018

Hildermeier, Manfred: Geschichte der Sowjetunion 1917–1991, München 2017.

Högl, Günther: Gewerkschaften und USPD von 1916–1922 . Ein Beitrag zur Geschichte der deutschen Arbeiterbewegung unter besonderer Berücksichtigung des Deutschen Metallarbeiter-, Textilarbeiter- u. Schuhmacherverbandes, München 1982

Institut für Geschichte der Arbeiterbewegung (Hrsg.): In den Fängen des NKWD. Deutsche Opfer des stalinistischen Terrors in der UdSSR, Berlin 1991

Jacob, Thea: Die Revolution 1918–1920 in Erfurt. Neue Perspektiven auf Quellen im Erfurter Stadtarchiv, Berlin 2015, unveröffentlichtes Manuskript

Kachel, Steffen: Ein rot-roter Sonderweg? Sozialdemokraten

und Kommunisten in Thüringen 1919 bis 1949, Köln/Weimar/Wien 2011

Kluge, Ulrich: Soldatenräte und Revolution. Studien zur Militärpolitik in Deutschland 1918/19, Göttingen 1975

Kolb, Eberhard: Die Arbeiterräte in der deutschen Innenpolitik 1918–1919, Frankfurt/Main u.a. 1978

Kowalski, Roland: Zur Geschichte der Erfurter Schuhfabrikation, in: Stadt und Geschichte 4/2001

Laubscher, Gerhard: Die Opposition im Allgemeinen Deutschen Gewerkschaftsbund (ADGB) 1918–1923, Frankfurt/Main 1979

Ludwig, Kurt: Der Kampf der Erfurter Arbeiter gegen den Faschismus 1931 bis 1932, Erfurt 1957

Mallmann, Klaus-Michael: Kommunisten in der Weimarer Republik. Sozialgeschichte einer revolutionären Bewegung, Darmstadt 1996

McLoughlin, Barry: Die Massenoperationen des NKWD, in: Hedeler, Wladislaw (Hrsg.): Stalinistischer Terror 1934–41. Eine Forschungsbilanz, Berlin 2002

Menzel, Ruth/Menzel, Eberhard: Alfred Hess – Schuhfabrikant, Kunstsammler und Mäzen, Erfurt 2008

Menzel, Eberhard: Von einer Polizei-Geheimakte, den Arbeiterturnverein Erfurt betreffend, in: Stadt und Geschichte Sonderheft 17/2016

Menzel, Eberhard: Zur Geschichte des Arbeitersports auf dem Johannesplatz, in: Stadt und Geschichte Sonderheft 17/2016

Mirkes, Adolf (Hrsg.): Josef Simon. Schuhmacher, Gewerkschafter, Sozialist mit Ecken und Kanten, Köln 1985

Mühlen, Patrick v. z.: Spanien war ihre Hoffnung, in: der Freitag, 07.07.2006, https://www.freitag.de/autoren/der-freitag/spanien-war-ihre-hoffnung [Zugriff: 2. November 2018]

Müller, Reinhard: Menschenfalle Moskau. Exil und stalinistische Verfolgung, Hamburg 2001

Müller, Werner: Revolutionäre Gewerkschafts-Opposition, in: Lexikon des Sozialismus, Köln 1986

Niess, Wolfgang: Die Revolution von 1918/19. Der wahre Beginn unserer Demokratie, Berlin/München/Zürich/Wien 2017

Ochotin, Nikita/Roginskij, Arsenij: Zur Geschichte der ‚deutschen Operation' des NKVD 1937–1938, in: Hermann Weber/Ulrich Mählert (Hrsg.): Verbrechen im Namen der Idee. Terror im Kommunismus 1936–1938, Berlin 2007, S. 142–190

Petersen, Klaus: Zensur in der Weimarer Republik, Stuttgart/Weimar 1995

Pütter, Conrad: Rundfunk gegen das „Dritte Reich". Deutschsprachige Rundfunkaktivitäten im Exil 1933-1945, München/London/New York/Oxford/Paris 1986

Raßloff, Steffen: Flucht in die nationale Volksgemeinschaft – Das Erfurter Bürgertum zwischen Kaiserreich und NS-Diktatur, Köln 2003

Raßloff, Steffen: Ilversgehofen. Dorf – Industrieort – Stadtteil, in: Stadt und Geschichte 33/2007

Reuter, Elke/Hansel, Detlef: Das kurze Leben der VVN von 1947 bis 1953. Die Geschichte der Verfolgten des Nazi-Regimes in der SBZ und DDR, Berlin 1997

Rudolph, Karsten: Die Thüringer Arbeiterbewegung vom Kaiserreich bis zum Ende der Weimarer Republik, Erfurt 2018

Schlögel, Karl: Die Stalinmaschine, in: Lettre International 2007/76, S. 48–56

Schlögel, Karl: Terror und Traum – Moskau 1937, München 2008

Schmidt, Jürgen: Begrenzte Spielräume – Eine Beziehungsgeschichte von Arbeiterschaft und Bürgertum am Beispiel Erfurts 1870 bis 1940, Göttingen 2005

Skoutelski, Rémi: Novedad en el frente. Las Brigadeas Internationales en la Guerra Civil, Madrid 2006

Stark, Meinhard: Die Gezeichneten. Gulag-Häftlinge nach der Entlassung, Berlin 2010.

Tosstorff, Reiner: Profintern: Die Rote Gewerkschaftsinternationale 1920-1937, Paderborn 2004

Uhl, Michael: Mythos Spanien. Das Erbe der internationalen Brigaden in der DDR, Bonn 2004

Ullrich, Volker: Der ruhelose Rebell. Karl Plättner 1893–1945. Eine Biographie, München 2000

Ulrich, Axel: Politischer Widerstand gegen das „Dritte Reich" im Rhein-Main-Gebiet. Wiesbaden 2008

Weber, Heinrich August: Von der Revolution zur Stabilisierung, Berlin/Bonn 1984

Weber, Hermann: Die Wandlung des deutschen Kommunismus – Die Stalinisierung der KPD in der Weimarer Republik, Bd. 1, Frankfurt/Main 1969

Weber, Hermann/Herbst, Andreas: Deutsche Kommunisten. Biographisches Handbuch 1918 bis 1945, Berlin 2008[2]

Weber, Hermann/Herbst, Andreas: Deutsche Kommunisten. Supplement zum Biographischen Handbuch 1918 bis 1945, Berlin 2013

Weber, Hermann/Drabkin, Jakov /Bayerlein, Bernhard H. (Hrsg.): Deutschland, Russland, Komintern, Bd. 6/1, Berlin/ München/Boston 2015

Weipert, Axel: Vor den Toren der Macht. Die Demonstration am 13. Januar 1920 vor dem Reichstag, in: Jahrbuch für Forschungen zur Geschichte der Arbeiterbewegung Mai 2012/2

Wirth, Christoph: Das Tivoli in der Magdeburger Allee – Einst Treffpunkt der Erfurter Arbeiterbewegung und Klubhaus bekannter Erfurter Betriebe, in: Stadt und Geschichte Nr. 52, 03/2012